KB007201

떠난 고객도
다시 돌아오게 하는
10가지 질문

Technie

떠난 고객도
다시 돌아오게 하는

Friendship

10가지 질문

장윤진 지음

Humanity

E

브랜드 전문가&한국브랜드마케팅연구소 대표, 박재현

브랜딩 전문가로서 강연 때마다 브랜딩을 잘하는 길은 세 개의 '감(感)'을 잡는 것이라고 강조하고 있다. '호감', '공감', '동감'이 바로 그것인데, 저자는 10가지의 질문을 통해 이것을 적극적으로 실행하고 있다. 고객을 단순히 돈으로 생각하여 장삿속으로 유인하기보다는 어떻게 하면 고객이 좀 더 건강하고 행복한 삶을 살게 할 것인가를 끊임없이 고민했기 때문에 지금의 사랑받고 성공한 필라테스 브랜드를 만들어낼 수 있었던 것이다.

상업적인 마음으로는 진정한 브랜드를 만들 수 없다. 고객의 마음을 애인처럼 읽고 지속적인 관심과 사랑을 주어야 브랜드는 자랄 수 있다. 왜냐하면 브랜딩은 고객에게 나의 물건이나 서비스를 파는 것이 아니라 고객과 연애하는 과정이기 때문이다.

저자는 연애의 달인인 것이 확실하다. 서비스업은 결국 고객의 마음에 러브마크를 찍는 것임을 잊지 말고 이 책을 읽어 내려가길 추천드린다.

경희대학교 교수&한국마케팅클럽 회장&제27대 한국체육학회 회장, **김도균**

이 책은 경험의 고백서이다. 비즈니스 지식을 배우는 방법은 사색, 모방, 실천에 있다. 사색은 고상하고 모방은 쉽고 실천은 매우 어렵다. 비즈니스 성공의 전략은 무형의 것이고 철저히 선택의 문제이다. 전략만 놓고 보자면 세상에 못 이룰 것이 없지만 현실적인 문제는 그것을 어떻게 기획해 실행하고 성공의 결과를 만들어낼 수 있느냐는 것이다. 저자는 자신의 삶에 투영된 실천적 경험을 기반으로 하여 필라테스 비즈니스의 성공 비밀을 제시한다.

불황 vs 호황의 사이클링.

변화를 어떻게 기회로 만들 수 있을까?

만남 vs 헤어짐이 다반사인 고객을 어떻게 사로잡을 수 있을까?

어떻게 영속적 관계를 유지할 수 있을까?

위기에 강한 인재는 어떻게 키워낼까?

마케팅에서 절대적인 진실 중 하나는 한 명의 고객이 더 이상 한 명의 고객이 아니라는 것이다. 한 명의 감명받은 고객은 더 많은 고객을 그 물결에 끌어들이고 화가 난 한 명의 고객은 모두가 회피하는 전염병을 퍼트린다. 고객이야말로 비즈니스의 종착점이 아니라 출발점인 것이다. 그런 면에서 이 책은 고객의 관점을 이해하고 경영인으로서 무엇을 해야 하는지를 알려주는 피트니스의 정석이다. 고객이 우리를 바라보는 관점과 우리가 고객을 보는 관점에서 고객의 마음을 사로잡는 키워드를 제공한다.

비즈니스의 성공은 야생의 사고, 다듬어지지 않는 사고, 길들여지지 않은 사고에서 만들어진다. 근본, 기본, 인본. 이 3개의 본(本)을 깊이 생각하는 장윤진 대표의 경영 철학뿐만 아니라 3본을 바탕으로 고객을 다르게 보고, 새롭게 보고, 느껴보는 방법 또한 이 책에서 배울 수 있다.

비즈니스와 후배 양성에 힘쓰는 저자의 진심이 담겨 있는 이 한 권의 책이 미래 필라테스 경영자로서 성공을 꿈꾸는 이들에게 큰 도움이 될 것이다.

트루스그룹 대표, **윤소정**

그녀는 이미 잠실에서 독보적이다. 이미 룰루레몬에서는 무한 신뢰를 보내는 커뮤니티 리더다. 이미 필라테스 강사들 사이에서 롤모델이 되었다.

그녀에 대한 소문은 늘 같았다.

'와… 그 여자 고객 장부 기록 보여달라고 해봐. 기절할 거다.'

나는 보았고, 경악했다.

난 그녀에게 몇 번이고 우리 팀에게 고객 관리 노하우를 공유해줄 수 있냐고 부탁했다. 그녀는 그저 담담하게 이야기를 풀어냈지만, 많은 것이 바뀌었다. 놀라운 것은 매출 이전에 팀원들의 태도가 변한 것이었다.

'아… 고객은 이렇게 대하는 거구나.' 늘 그녀를 보며 느낀다.

캐나다 메리튜 본사 IT&트리니티 아카데미 교육 강사, **정유정**

저자는 오늘도 바쁜 일정을 쪼개고 쪼개 시간을 만들어 진심으로 고객을 마주하고 있을 것이다.

진심은 통한다는 걸 제대로 보여준 산증인, 실권을 쥐고 흔드는 보스가 되기보다는 배려와 존중과 사랑으로 소통하고 함께 발전해가는 진정한 리더, 불평하기 이전에 좋은 점을 찾고자 하는 긍정가, 실패가 두려워 주저하기보다 계획하고 실천하는 행동가, 본질을 중시하며 또한 멈춰 있지 않고 끊임없이 노력하는 이 시대의 장인. 이 모든 것이 저자를 수식하는 말이다.

작은 것에도 감사해하는 겸손함과 뜨거운 심장을 가진 그녀를 알게 된 건 행운이다. 믿음과 사랑으로 응원을 아끼지 않는 그녀에게 감사의 마음을 전한다.

쏘내추럴 대표이사&트리니티 필라테스 700회 고객, **조주호**

이 책은 누구나 쉽게 알 수 있는 것들을 말하고 있다. 그러나 누구나 쉽게 실천할 수 없는 것들을 보여준다. 늘 치열하게 실천해온 저자의 노하우가 빛난다. 그 열정을 존경한다!

하버드 글로벌 경영자과정 1대 원우회장, **박경조**

이 책은 끊임없이 위기가 몰아치는 대면서비스업계가 무엇에 중점을 두어야 하는지 제시하고 있다. 늘 끊임없이 공부하고 성장하는 리더의 고민이 고스란히 녹아 있는 책이다.

피트니스 인플루언서&트리니티 필라테스 강사, **장연우**

누구나 알 수 있는 것들이지만, 몸소 실천하기 어려운 것들을 해내는 저자를 나는 곁에서 지켜봐왔다. 누구도 보지 않는 곳에서 묵묵히 실천해온 노하우를 현장에서 함께했다. 진심은 항상 통한다는 걸 느꼈고, 배웠고, 그래서 나 역시 실천하는 중!

전 룰루레몬 잠실 스토어 ASM&현 룰루레몬 목동 스토어 SM, **이은구**

이 책은 끊임없이 위기가 몰아치는 대면서비스업계가 무엇에 중점을 두어야 하는지 제시한다. 그건 바로 '사람'이다. 답답할 만큼 사람에게 집착하고, 그 연결에 의미를 두고 있다. 그로부터 오는 가능성이 성공의 열쇠였다는 것이 이 책의 가장 큰 장점이다.

누구나 진심을 다하면
내 고객을 지킬 수 있다

"어떻게 필라테스 스튜디오에서 가격 할인 없이 신규 고객을 끌어모으나요?"

"코로나가 터졌을 때도 어떻게 고객들이 떠나지 않고 계속 왔는지 궁금해요."

2014년, 나는 잠실에 있는 트리니티 필라테스 스튜디오를 인수했다. 당시 트리니티는 강사 5명, 고객 약 70명, 월매출 2천만~3천만 원 정도 되는 작은 스튜디오였다. 간판도 없이 시작한 스튜디오는 약 8년간 폭발적인 성장을 거듭하여 2022년 강사 25명, 고객 500명 이상, 월매출 2억 이상을 기록했다. 게다가 지난 8년간 레슨 재구매율 80~85%를 꾸준히 유지해왔다. 코로나 사태에 수많은 사업장이 문을 닫는 것을 직접 목격한 분들은 나를 보면 늘 궁금해한다. 도대체 어떻게 그 위기 속에서도 고객을 그토록 잘 지켜왔는지 말이다.

내가 예전에 경영을 공부했거나 사업 경험이 있을 거라 생각하는 분들도 많지만 트리니티를 운영하기 전까지 나는 사업과 완전히 무관한 삶을 살았다. 20대부터 10년간 10센티미터의 하이힐을 신고 무대 위에서 뮤지컬 배우 생활을 했다. 당시만 해도 사업을 하게 될 거라고는 생각도 하지 못했다. 하지만 뮤지컬 배우로 활동하면서 허리와 무릎이 심각하게 망가졌다. 결국 몸과 건강을 돌보기 위해 자연스럽게 필라테스와 연을 맺게 되었고, 이 자리까지 오게 되었다.

트리니티에 특별한 마케팅 비법이 있을 거라 기대하는 분들도 있지만, 그런 건 없었다. 내 사업의 목표는 처음부터 매우 확실했다.

'무슨 일이 있어도 고객을 지킨다.'
'한번 문 열고 들어온 사람은 반드시 내 고객으로 만든다.'

그럴 수밖에 없었던 것이, 아무런 사업적 능력이 없었기 때문이다. 긴 시간 예술인으로 살아와 직장 생활의 경험도 없을뿐더러 경영자로서 알아야 하는 재무, 노무, 인사관리, 리더십 등에 대한 공부도 전혀 되어 있지 않았다. 지금 돌아보면 내가 똑똑하지 않아서 정말 다행스러운 일이었다. 덕분에 고집스러울 정도로 '고객 지키기'라는 단 하나의 목표에 집중할 수 있었으니까.

나는 폭발적인 매출과 규모의 성장을 위해 욕심을 부리지 않았다. 그보다는 고객의 마음을 얻고 지키는 일이 먼저라는 철칙을 세웠다. 나도 가격 할인 이벤트를 하면 매출을 빠르게 올릴 수 있다는 걸 당연히 알고 있었다. 그러나 천천히 가더라도 제대로 된 길을 가고 싶었고, 그 시간을 인내하고 기다리면서 스스로 단단해지길 원했다. 그렇게 2019년부터는 필라테스 아카데미 사업도 정식으로 론칭하게 되었다.

이처럼 트리니티가 그동안 가장 집중한 것은 '사람'이었다. 나는 바로 이 철칙이 우리를 성장으로 이끌었다고 확신한다. 지난 8년간 했던 모든 시도와 노력은 '어떻게 하면 고객을 더 이롭게 할까'에 맞춰져 있었기 때문이다.

필라테스 사업, 헬스케어 사업은 매일 고객과 직접 만나 응대하고 소통해야 하는 '대면서비스업'에 속한다.

대면(對面): 서로 얼굴을 마주보고 대함

대면서비스: 서로 얼굴을 마주 보고 고객을 돕는 노무를 제공함

알다시피 사람을 만나는 일은 매우 고단하다. 사업이 잘되고 있든 아니든 나의 하루하루는 전쟁이다. 열 길 물속은 알아도 한 길 사람 속은 모른다는 말처럼, 사람의 마음을 읽고 그에 맞게 대응하는 일은 언제나 어렵다. 때로는 아무것도 예측이 안 되고 상상조차 못 한 갈등이 터지기도 한다. 상대를 이해하려 노력하고, 최대한 오해가 없도록 소통하고, 진심을 다해 사과하고, 각종 사건 사고를 해결하느라 진땀을 흘리다 보면 집에 돌아오자마자 바로 쓰러지기도 한다.

그러나 이렇게 사람을 대하는 일을 오랜 시간 하다 보니 달라지는 게 있었다. 사람을 진심으로 이해하게 되었고, 사람이 원하는 것이 무엇인지 알게 되었고, 차차 그들이 원하는 것들을 제공할 수 있게 되었다. 여러 시행착오와 실패를 거듭하며 사람을 통해 돈을 벌고 매일 더 나은 하루를 만들어가는 사람이 된 것이다.

우리가 고객 한 사람, 한 사람에 더 집중할 수밖에 없었던 또 다른 이유는 무형의 서비스를 제공한다는 점 때문이다. 레슨 서비스는 재화와 달리 눈에 보이지 않는다. 손으로 만질 수도 없고,

샘플을 확인할 수도 없고, 마트에 진열되지도 않는다. 쇼핑몰에서 상세 페이지를 구현할 수도 없다. 대신 우리는 고객에게 최상의 경험을 제공해야만 한다. 레슨 서비스는 강사의 언어와 호흡, 감정 언어를 비롯하여 표정, 몸짓, 분위기와 같은 비언어적인 모든 요소를 경험하는 고객 경험의 총합이다.

그렇기 때문에 똑같은 레슨 프로그램이어도 그 레슨을 진행하는 강사에 따라 고객이 경험하는 가치가 달라질 수 있다. 고객이 서비스를 오감으로 경험하고, 그 경험의 가치가 합당하다고 여길 때 비로소 지갑을 여는 것이다. 더 나아가 모든 고객의 니즈와 성향은 너무나 다양해서 우리는 고객들 각자의 특징에 대해서 잘 알아야만 하고, 천편일률적인 서비스가 아닌 개개인 맞춤형 서비스를 제공해야 한다.

트리니티의 고객 역시 각양각색이다. 스튜디오에는 어제와 오늘이 다른 수백 개의 마음들이 존재한다. 조용한 공간을 원하는 고객, 외로워서 말벗이 필요한 고객, 다이어트를 하고 싶은 고객, 통증만 해결되면 소원이 없는 고객, 자존감을 회복하고 싶은 고객, 대접받고 싶은 고객 등 일일이 열거조차 할 수 없는 다양한 고객들의 주파수를 우리는 예민한 더듬이로 알아내야만 한다. 그 더듬이는 성실해야 하며 상대방을 위한 진실된 마음도 장착해야 한다. 그렇지 않으면 고객은 '척'하는 마음을 금세 알아차리고는 소리 없이, 냉정하게 우리의 곁을 떠나버린다.

코로나 위기를 겪으며 친했던 필라테스 스튜디오 대표님들이 스튜디오를 정리하는 과정을 지켜보았다. 그동안 그 사업장을 얼마나 공들여 운영했는지 너무나 잘 알고 있기에 안타깝고 마음이 아팠다. 그래서 결심했다. 어떤 위기가 와도 계속해서 고객을 지킬 수 있는 방법을 꾸준히 공부하고, 그동안 우리가 깨달은 것이 작다 하더라도 꼭 전해야겠다고 말이다. 그때부터 트리니티가 걸어온 길을 되짚어보며 짬짬이 책을 썼다.

이 책은 끊임없이 고객을 모으고 그 고객들이 재구매를 해야만 사업을 지속할 수 있는 사장님, 자신만의 고객풀을 갖고 있어야만 하는 프리랜서 강사, 언젠가 대면서비스업에 종사하게 될 예비 사장들을 위한 영업 교본이라 할 수 있다. 나 또한 언제 강사 그만둘지 몰라 불안해했고, 신규 고객을 유치하는 문제와 늘 싸워왔다. 그리고 그 과정에서 '기존 고객을 지키는 일'이 선행되어야만 선순환이 이뤄진다는 것을 알게 되었다. 무리하게 가격 할인을 하게 되는 이유는 신규 고객을 모으기 위해서다. 그러나 이렇게 되면 신규 고객을 모으는 데 혈안이 되어 기존에 있는 고객들을 챙기지 못하게 되고 레슨 서비스의 질이나 사업의 지속성에는 신경을 쓰지 못하게 된다.

트리니티가 할인을 하지 않았던 이유는 확실하다. 우리는 고객의 돈이 제값을 하도록 하는 데 더 집중했다. 신규 고객 유치보다는 기존 고객을 지키면서 저절로 신규 고객이 유입되는 선순환 구조를 만들어야 어떤 위기 속에서도 흔들림 없는 결과를 낳을 수 있다. 또한 기존의 고객들과 더 돈독한 관계를 맺으려면 그들의 불만에 귀 기울여야 하고 우리의 서비스를 끊임없이 개선해야 한다. 이로써 트리니티는 점차 성장하고 고객을 지키는 힘을 갖출 수 있었다. 이 책에는 이 선순환을 만들기 위해 트리니티가 던져온 '고객을 지키기 위한 10가지 질문'을 담았다.

현재 사업을 하고 있다면 분명 용기 있게 선택했을 것이고 매일 고군분투하며 사업을 어렵게 지켜왔을 것이다. 나는 여러분의 사업과 일이 꼭 잘되기를 바란다. 무엇보다 평범한 사람도 진심을 담아 임하면 성공이 그리 어렵지 않다는 사실을 꼭 전하고 싶다. 자본이 부족해도, 비즈니스 스쿨을 다니지 않아도, 부모님께 경영 수업을 받지 않더라도 할 수 있는 것들이 무궁무진하다는 걸 나누고 싶었다. 우리의 이야기가 누군가에게 조금이나마 도움이 될 수 있다면 더할 나위 없이 행복할 것 같다.

앞으로 코로나보다 더 강력한 바이러스가 돌 수도 있고, 국제

정세의 변화나 경제 문제들이 발목을 잡을 수도 있을 것이다. 그렇기에 지금 당장의 이익보다는 오래갈 수 있는 내실을 다져야만 한다. 내 고객을 지키는 힘을 키워 그 어떤 위기에도 '흔들리지 않는 사업장'을 만들어가길 진심으로 응원한다.

트리니티 필라테스 스튜디오 & 아카데미 대표원장
장윤진

차례

1부

고객이 오기 전에

한번 문 열고 들어온 사람을 **내 고객으로 만드는 법**

1장

마인드셋
"어떤 마음으로 고객을 만나야 할까?"

2부

고객을 만나는 동안

감동까지 느껴야 **진짜 내 고객이 된다**

'저 사람이 내 고객이 될 수 있을까?'
생면부지의 사람들을 나의 가게 안으로 끌어들이기 위해
무엇을 해야 하나 고민하는 일은 모든 사장들의 숙제다.
문만 열면 저절로 발길이 끊이지 않는 가게를 차리고 싶겠지만
나의 고객이 되어주었으면 하는 사람들은
아주 쉽게 남의 고객이 되어버린다.
나의 고객을 기다리는 동안 손가락만 빨고 있어서는 안 된다.
고객이 오기 전, 사장의 마음속에는 그 사람이
내 고객이 되게 하겠다는 마인드가 분명히 서야 한다.
고객에게 재화를 건네받고 가게가 서비스를 제공하는
이 과정에는 고객에 대한 사장의 기본적이고도
프로페셔널한 마인드가 깔리기 때문이다.

1부

고객이
오기 전에

한번 문 열고 들어온 사람을
내 고객으로 만드는 법

마인드셋

"어떤 마음으로
고객을 만나야 할까?"

하나,
책임감

'주인'이라는 단어가 주는 묵직한 감정이 있다. 나는 그것이 책임감이라고 생각한다. 어떤 가게의 주인이 되는 것, 그것은 가게가 오래도록 유지되고 성장하며 찾아오는 고객들에게 최고의 서비스를 제공하겠다는 다짐을 반드시 동반한다.

나는 처음부터 필라테스 스튜디오를 직접 열고 대표가 되지 않았다. 2011년 12월 둘째 아이를 출산하고 2012년 3월부터 분당에 위치한 스튜디오에서 강사로서의 생활을 본격적으로 시작했다. 그때 나에게는 두 아이를 잘 키워야 한다는 엄마로서의 책임감과 고객에게 양질의 레슨 서비스를 제공해야 한다는 강사로서의 책임감이 두 배로 필요했다. '몸이 두 개였으면 좋겠다'는 허무맹랑한 상상을 할 정도로 고됐지만 하루하루 성실하게 살았다.

분당 스튜디오에 입사한 지 1년이 지났을 무렵, 대표님이 잠실에 있는 스튜디오 하나를 인수했다. 당시 대표님은 분당에서 필라테스 스튜디오 세 곳을 운영하고 있었고, 여기에 교육 아카데미까지 운영하고 있었다. 때문에 잠실 스튜디오까지 직접 관리하기가 버거운 상태였다. 당시 나는 강사 경력이나 직무 경험이 풍부하지는 않았지만 나이가 가진 연륜, 그간 살아오면서 크고 작게 경험한 책임자로서의 경험들이 좋은 평가를 받아 대표님이 인수한 잠실점의 매니저로 파견되었다.

아직 강사로서의 경험도 충분하지 않은 상황이었기에 '내가 잘할 수 있을까?'라는 우려도 적잖이 있었다. 그러나 필라테스 강사를 시작하면서부터 나는 언젠가 창업을 하여 대표가 될 계획이 있었다. 때문에 창업 전에 스튜디오의 책임자로 일하며 주인으로서의 책임감을 느껴보는 일은 무척 소중한 기회였다. 그래서 두려움을 긍정적인 생각으로 지우며 기쁜 마음으로 잠실점 매니저의 일을 시작했다.

잠실 스튜디오는 새로 창업한 스튜디오는 아니었고 2007년도부터 운영되어온, 잠실에서는 가장 오래된 스튜디오였다. 2012년 당시 잠실 스튜디오의 첫 번째 원장님의 개인사로 스튜디오가 우리 대표님에게 인수되었는데 스튜디오의 시설과 강사, 그리고 고객까지 그대로 인수하게 되었다.

완전 바닥에서 시작한 것이 아니니 모객에 힘쓸 것도 아니고 새로운 체계를 만들 것도 아니라 창업보다는 나름 수월한 시작이 아닐까 생각할 수도 있다. 그러나 나는 기존 스튜디오에서 몇 년 동안 근무하고 있었던 강사들과 고객들이 그대로 있는 상태에서 새로운 매니저로 들어가는 터라 오히려 더 긴장되었다. 이미 다 아는 사람들 사이에 홀로 내던져진 이방인이 된 기분이었기 때문이다.

하지만 이런 상황에도 나는 내가 이 스튜디오의 책임자로 왔다는 사실을 항상 생각하며 이겨냈다. 대학에 다니던 20대 초반부터 아르바이트했던 카페나 호프집, 우동집 사장님들이 분점을 낼 때마다 나를 책임자로 보내고 싶어 했다. 그만큼 책임감 하나만큼은 자신 있었다. 나의 책임감을 보여준다면 기존에 있던 강사들과 고객들도 나를 이방인이 아닌 함께 일하는 매니저로서 받아줄 거라 믿어 의심치 않았다.

둘,
개선하겠다는 마음

　잠실 스튜디오의 첫 번째 원장님은 우리나라의 필라테스 1세대였는데, 평소 스튜디오에는 한 달에 한 번 정도 출근하고 관리에 대한 것은 온전히 강사들에게 맡겼다고 했다. 이러한 사내 문화가 있던 상황에 내가 매니저로 가게 되니 분위기가 약간 미묘해졌다. 당시 잠실 스튜디오의 강사는 5명 정도였는데, 그들 모두 갑자기 주인이 바뀐 것도 불안한데 주인이 직접 운영하는 것도 아니고 매니저가 와서 스튜디오를 관리한다고 하니 탐탁지 않은 눈치였다.

　지금 와서 생각해보면 강사들 입장에서는 갑자기 주인이 바뀌고 앞으로 어떤 일들이 일어날지 모르는 불안하고 혼란스러운 상황이었으니, 나의 존재가 그리 반갑지만은 않았을 것 같다. 갑자기 엄마가 떠났는데 그 빈 자리에 온 사람이 새엄마도 아니고 새엄마의 동생이 온 꼴이니 입장 바꿔 생각해도 별로인 상황이다. 그러나 그때는 내 코가 석 자였던 데다가 해야 할 업무가 산더미였기에 이런 강사들의 마음까지 세세하게 헤아릴 여유가 없었다. 이 부분에 대해서는 지금도 미안한 마음이다.

다만 나는 매니저로서 책임감을 항시 상기하며 기존 직원들에게 섞이기보단 내가 할 수 있는 일, 해야 할 일부터 우선적으로 해나갔다. 나는 사교성이 아주 좋은 편은 아닌 데다 내가 너무 나서거나 처음부터 많은 부분에 개입하면 역효과가 날 수도 있으리라 여겼기 때문이다. 틈틈이 청소를 하거나 필요한 물품을 주문하고, 신규 고객의 상담과 기존 고객의 결제 및 상담을 돕는 등 내가 할 일 위주로 묵묵히 일했다.

그런데 일을 하다 보니 몇 가지 눈에 걸리는 운영상의 문제점이 발견되었다. 당시 잠실 강사들은 경력이 오래된 실력 있는 분들이었다. 강사로서의 카리스마는 물론이고 외모와 몸가짐 등 어디 하나 흠잡을 곳 없는 인재들이었다. 또 잠실 스튜디오 자체가 잠실에 처음 생긴 필라테스 스튜디오로 역사가 깊은 곳이라 오픈 때부터 함께한 강사들도 많았다. 이런 부분들은 이 스튜디오의 장점이었지만, 동시에 스튜디오 관리 책임자인 나에게는 명확하지 않은 업무 지침 속에서 운영이 임의적으로 이루어지는 원인이기도 했다.

오랫동안 대표가 강사들에게 모든 관리를 임의로 맡기는 일은 길게 보면 고객에게 최상의 서비스를 제공하는 데 걸림돌이 될 수 있다. 강사들에게 과도한 업무 과부하가 걸릴 수도 있고 체계화된 규칙이 없는 운영은 고객들에게 '왜 나는 안 해줘?' 같은 불만을 일으킬 수도 있었기 때문이다.

나는 강사들의 영역인 고객 레슨 외의 부분에서 여러 개선 사항들을 정리하고 수정 방안을 고려했다.

당시 개선해야 하는 사항들과 수정 방안은 다음과 같았다.

- 고객이 스튜디오를 처음 방문했을 때 인사 및 접객에 대한 가이드가 없는 것

⋯▸ 그 누가 와도 인사하도록 독려한다. 고객이 아닌 지나가는 사람, 택배 기사, 정수기 필터 교체 직원에게도 인사하고 스튜디오 주변 상가에서 일하는 분들에게도 인사하도록 당부하면 고객이 방문 응대를 못 받을 일이 없어진다. 또 강사가 수업 중이라 접객을 바로 못 하는 경우를 대비해 고객이 궁금한 것을 바로 해결할 수 있도록 출입문 옆에 브로슈어와 안내 자료를 둔다. 자료에는 관이 나뉘어 있는 트리니티를 이해할 수 있게 상가 지도를 넣어서 상담실로 가는 길을 쉽게 알 수 있게 한다.

- 내 고객이 아닌 다른 강사의 고객에게는 인사도 하지 않고 관심이 없는 것

⋯→ 고객에게는 스튜디오에 있는 모든 강사와 직원이 곧 트리니티다. 그래서 한 명이라도 불친절하면 '내 강사는 마음에 드는데 트리니티는 좀 불친절해서 별로야'라는 생각을 하게 된다. 결국 브랜드 신뢰가 무너지고 입소문이 나쁘게 난다. 로컬 사업인 필라테스 스튜디오는 입소문이 매우 중요하다. 따라서 고객들이 '내 강사는 친절해'가 아닌 '트리니티 강사들과 직원은 모두 친절해'라고 생각하게 해야 한다.

- 고객 방문 시 상담이나 강사 배정이 합당한 기준과 가이드 없이 강사의 편의대로 이루어지고 그에 대한 사후 관리가 되지 않는 점

⋯→ 스튜디오를 인수하기 전에는 스튜디오 규모가 작아서 고객 상담을 담당하는 매니저가 따로 없었다. 그러다 보니 고객이 상담을 와도 응대가 어려운 상황이 허다했다. 또 고객을 응대하게 되더라도 개인의 성향에 따라 그 퀄리티가 천차만별이었다. 한동안은 내가 강사 겸 매니저를 하면서 상담까지 전담했으나, 스튜디오를 인수한 후에는 본격적으로 고객 상담 매니저를 채용했다. 상담 매니저의 업무는 신규 상담 및 합당한 기준으로 강사를 배정하고 레슨 등록 후 3회차가 되는 시기에 고객을 사후 관리하여 초기 고객 접대의 신뢰와 호감도를 높이는 것이며 지속적인 고객 관리로 클레임 요소를 미리 파악하는 것이다.

- 고객의 클레임이나 사고에 대한 지침 및 기준이 없어서 모두 응대가 각기 다르다는 점

⋯▸ 안 좋은 일이 일어나는 것을 막는 것도 중요하지만, 안 좋은 일이 발생했을 때 잘 해결하고 그 일을 발판 삼아 매뉴얼을 만드는 것이 더 중요하다. 매뉴얼은 하루아침에 만들어지지 않기 때문에 상황이 발생할 때마다 좋은 의사결정을 하고 그 결정을 기록하고 공유하고 시각화하는 작업을 매일 꾸준히 한다. 좋은 의사결정이란 사업주의 철학과 기준에 맞는 의사결정을 의미한다. 금전적 이득이 중요한 철학이라면 그것에 맞추어서, 직원을 먼저 챙기는 것이 철학이라면 그것에 맞추어서 의사결정을 한다.

- 물건이나 기구를 정리하는 가이드가 없어 스튜디오가 정리정돈이 안 되어 있고, 물건이 놓이는 위치가 그때그때 다른 점

⋯▸ 사업장의 정리정돈은 개인의 성향이나 성실성에 좌우되지 않게끔 공간을 정리하는 시스템이 필요하다. 우선 크기별, 종류별로 정리용 박스를 구매한다. 그리고 종류에 맞게 박스에 소도구를 정리해서 라벨을 붙여 동선상 이용이 편리한 곳에 둔다. 박스에 넣을 수 없는 대도구는 그 도구가 있어야 할 위치에 라벨을 붙여놓는다.

- 고객 출석을 관리함에 있어 명확한 지침이 없어서 홀딩 고객이나 엔딩 고

객의 파악이 안 되어 현재 운동을 하고 있는 고객 외 잠재 고객에 대한 관리가 전혀 되고 있지 않은 점

⋯> 필라테스 스튜디오에서는 고객이 운동을 다니다가 개인 사정, 강사와의 마찰, 그 외의 상황들로 레슨 횟수가 끝나지 않았는데도 한참을 못 오거나(홀딩), 레슨 횟수를 모두 마치고 그만두거나(엔딩), 레슨 횟수가 1~2회 남았는데 연락이 두절되는 등(횟수 남은 엔딩) 다양한 상황이 늘 발생한다. 이들을 등한시한 채 신규 고객을 유입하려 이벤트를 벌이기보다는 이미 우리 스튜디오에 발걸음해주었던 고객을 떠나지 못하게 해야 한다. 떠나가는 고객일지라도 마지막까지 남은 레슨에 대해 연락하여 알려주고, 다시 돌아올 때 사용할 수 있는 쿠폰을 제공하며, 필요에 따라서는 환불 시시시비비를 가리지 않고 고객이 서운하지 않도록 한다. 홀딩 혹은 엔딩 고객에게는 짧게는 3개월, 길게는 6개월 정도의 시간을 가지고 고객의 컨디션 및 일정을 함께 체크하여 꼭 우리 스튜디오에 다니지 않더라도 관리받고 있다는 느낌을 받도록 진심으로 관리한다.

- 스튜디오의 행정 정책, 가격 정책과 관련된 고객 응대 시 통일된 답변을 주지 못하고 있는 점

⋯> 그때그때 고객의 입맛에 맞추어 가격 정책을 바꾸는 일은 동네 장사인 필라테스 스튜디오에는 최악이다. 계약서를 만들어 정확한 가격 정책을 꾸

리고 고객 모두에게 같은 대답을 해야 한다. 고객 이벤트도 그 이벤트가 누구에게나 합당하고 공평하도록 명분을 정하고, 명수를 정하고, 기한을 정한다.

~~~~~~~~~~~~~

셋.
주인의식

매니저로 일하는 동안, 쉬는 날에도 주말에도 나는 스튜디오 착신 전화를 내 개인 전화로 연결해놓고 상담하기에 여념이 없었다. 주말에 전화를 받아달라고 아무도 요청하지 않았지만 단 한 명의 상담 전화도 놓치기 싫어 전화기를 끼고 살았다. 그렇게 1년 내내 점심도 챙겨 먹지 못하고 무리하다가 두 번이나 입원도 했다. 이렇게 무리하는 내 모습을 보고 강사들은 조금 의아해하기도 했다. 다들 내가 월급을 아주 많이 받는다고 생각했다고 한다. 그때 내가 받았던 기본급이 50만 원이라는 사실을 알면 모두가 깜짝 놀랐을 것이다.

내가 무리를 하면서도 그렇게 열심히 한 이유는 누가 시켜서도 아니었고, 그냥 그것이 나라는 사람이 생각하는 사장의 기본이었기 때문이다. 20대 초반 아르바이트를 할 때도 그랬고, 배우로서 무대에 설 때도 그랬다. 보수와 대가만큼 일하는 것이 아니라 내가 만족하고, 고객 혹은 관객이 만족할 때까지 일하는 것이 나의 태도였다. 돈을 못 버는 것은 힘들지 않지만 내 고객이 만족하지 않는 것을 견디기 힘들어하는, 그냥 그런 사람이 '장윤진'이었다. 당시 원장님이 나에게 이런 말을 했었다.

"윤진인 곧 주인이 되겠다. 주인처럼 일하면 주인이 되거든."

어쩌면 원장님의 이 말은 나란 사람이 일을 대하는 데 있어 늘 '주인의식'을 가지고 임해왔다는 점을 간파한 것이 아닐까.

원장님에게 그 말을 들은 지 1년 후인 2014년 정말로 난 스튜디오의 주인이 되었다. 매니저를 시작한 지 딱 2년이 되는 해였다. 인수 자금을 마련하기 위해 결혼하면서 장만한 집을 팔고, 부모님께 돈을 빌리는 등 한바탕 홍역을 치렀지만 마침내 나는 스튜디오의 진짜 주인이 되었다.

창업과 인수 사이에서 많이 고민했다. 각각 장점과 단점이 명확했기 때문이다. 창업은 권리금 없이 순수 창업 비용만 발생하지만 고객 유입과 매출이 불확실하기 때문에 손익분기점을 예측할 수가 없었고, 인수는 기존 고객을 인계받기 때문에 매출 리스크는 없지만 영업 권리와 바닥 권리가 있어서 초기 창업 비용이 많이 발생했다.

그럼에도 인수를 선택한 이유는, 이곳이 내가 2년간 몰입해서 관리했던 스튜디오였다는 점 때문이었다. 나를 알고 상대를 알면 백전백승한다는 옛말도 있듯이, 일한 시간은 비록 2년이지만 마치 4년을 일한 것처럼 밀도 있는 시간이었기 때문에 스튜디오의 강점과 약점, 고객들의 상황, 주변 상권 등에 대해서 잘 알아 시작하기 유리했다. 물론 인수 비용도 만만치 않았고 창업보다 더 많은 초기 자금이 들었지만 다시 처음부터 시장조사를 하고 맨땅에 헤딩하는 시간을 비용으로 지불했다고 생각했다. 이렇게 인수하고 나서 오랜 시간이 지난 지금은 인수도 창업도 모두 잘할 수 있을 것 같은 확신도 생겼다.

매니저로 있을 때도 주인의식으로 충만했지만 실제로 스튜디오를 돈을 지불하고 인수하게 되니 그동안의 주인의식은 시작에 불과했다는 사실을 깨달았다. 수정하고 싶고, 개선하고 싶은 부분이 한두 가지가 아니었다. 차라리 나 혼자 하는 일이면 몸이 부서져라 일해서 해결했겠지만, 강사들을 움직여야 되는 일이라 어떻게 해야 할지 막막했다. 그러나 이제는 진짜 주인으로서 움직여야 한다는 생각만큼은 그 어느 때보다 간절했다.

넷,
실패를 마주하는 용기

　잠실 스튜디오를 인수한 후, 강사들은 내가 무슨 말을 해도 잘 움직이지 않았고 설령 움직인다 하더라도 기쁘거나 행복해 보이지 않았다. 누가 사장인지 모를 정도로 나는 계속 허드렛일을 열심히 했고 스튜디오를 위해서 개선해야 하는 부분에 대해 할 말도 제대로 하지 못한 채 혼자서만 끙끙 앓으며 스트레스를 받고 있었다.

　너무 답답해서 이런 문제를 주변에 있는 어른들과 상담하면 하나같이 똑같은 말을 했다. "인수했는데 왜 그전에 근무하던 강사와 일하나요?", "새 술은 새 부대에 담아야죠.", "과연 그 강사들이 장 대표의 말을 존중해줄까요?"

　약속이나 한 듯이 많은 분들이 다시 새로운 강사를 채용해서 새롭게 시작하라는 조언을 해주었다. 사실 이들의 우려는 사실이었다. 난 존중받지 못했었다. 자유롭게 아무런 간섭 없이 지내던 기존 강사들에게 무언가를 수정하고 변화하길 원했던 장윤진이라는 사람은 참으로 번거로운 존재였던 것이다. 실제로 사장이 되고 난 후 매일매일 하나씩 스튜디오의 각 분야에 대한 수정 작업에 들어갔으니 얼마나 귀찮았을까.

모든 변화를 만들어가는 것도 어려웠지만 그 변화의 목적이나 실행 계획에 대해서 강사들과 소통하고 그들을 설득하는 게 더 어려웠다. 특히 어려웠던 것이 출석부였다. 출석부는 말 그대로 고객들의 출결을 체크하는 시트였다. 그렇게 단순하게만 사용하는 용도이지만 우리 직원들이 가장 많이 자주 보는 시트이기도 해서 그 안에 고객을 잊지 않고 관리하는 방식을 추가하고 싶었다. '고객을 잘 관리합시다'라는 말 한마디의 직무 요청보다는 매일 보는 출석부 구조를 보완해 실질적으로 고객 관리가 잘되게 하는 방향으로 개선하자는 의도였다.

나는 강사들에게 고객이 레슨을 홀딩하거나 끝내는 시기에 대해 출석부 시트에 기록하기를 요청했다. 한번 고객이 되면 그 사람이 다시 돌아올 시기를 챙겨야 계속 우리 스튜디오를 다닐 거란 계산이었다. 그리고 각 강사별로 고객의 출석률을 계산해 적게 했다. 레슨을 등록한 고객이 얼마나 열심히 레슨 횟수를 채우는지는 레슨의 질을 증명하고 동시에 스튜디오로서는 남은 횟수가 지연되지 않아 영업적으로도 이득이기 때문이었다.

이는 꼭 필요한 부분이었지만, 사실 번거롭기도 하고 껄끄러운 부분이기도 했다. 고객이 레슨을 끝낸 후 재구매를 하지 않을 때 또는 레슨을 다 하지 않았는데도 안 나오거나 그만둘 때 담당 강사는 불편할 수밖에 없었기 때문이다. 그래서 나의 요청과 관련해 강사들과 적잖은 마찰이 있었다.

고객이 나를 떠난다는 것은 무척 괴로운 일이다. 아예 첫 방문 때 레슨 설명을 다 해줬는데 계약을 안 한다면 그래도 괜찮다. 그런데 이미 나에게 레슨을 받은 고객이 재구매를 하지 않는다는 건, 그간 제공한 내 서비스가 나쁘게 평가받는 듯한 기분이 든다. 필라테스와 같은 레슨이나 전문기술을 바탕으로 고객에게 서비스를 직접 제공하는 사람들에게 내 고객이 떠나는 일은 실패이고 회피하고 싶은 일인 게 당연한 것이다.

그러나 나는 그 사실에 직면하고 싶었다. 고객이 떠난다면 그 이유를 분석하고 보완하고 싶었다. 회피하고 싶은 사람과 직면하고 싶은 사람의 충돌은 쉽지 않은 부분이었다. 그럼에도 언제까지나 회피만 한다면 실패를 발판 삼아 성공으로 나아갈 일은 요원했다. 그래서 출석부 관리를 계속해서 고집해나갔다.

다섯,
공감

강사들은 많이 힘들어했다. 변하는 것이 싫은 강사들과 변화시키고 싶은 것이 많았던 사장 사이의 거리는 생각보다 쉽게 좁혀지지 않았다. 그래서 매일 강사들에게 스트레스를 주고 그만큼의 스트레스를 나도 똑같이 받으며 불편한 동행을 할 수밖에 없었다. 강사들은 늘 이렇게 반응했다.

"왜 자꾸 바꾸려고 하죠?"
"자꾸 이렇게 바꾸시면 저희 진짜 스트레스 받아요."

그러나 나에게는 만들어나가고 싶은 스튜디오의 미래가 있었다. 실패를 반복하지 않고 이를 발판 삼아 더 성장하는 스튜디오, 무슨 일이 있어도 고객을 지키는 스튜디오, 그리고 더 미래에는 고도로 프리미엄화된 스튜디오를 만들고 싶었다.

비록 지금은 불편한 동행이라 할지라도, 시간이 오래 걸리더라도 꼭 강사들과 함께 해내고 싶었다. 그 마음만은 진심이었다. 불편하다고 헤어진다면 세상의 그 어떤 만남도 오래가지 못한다는 말을 되새기며 노력했다.

"지금은 주변에 경쟁 업체가 많이 없어서 많은 고객들이 우리를 선택해주고 있지만, 앞으로는 정말 많은 경쟁자들이 생길 거예요. 우리를 찾아오신 고객을 철통같이 지켜내야 주변에 어떠한 업체가 생겨도 우리는 흔들리지 않습니다. 고객을 지키는 단단한 힘을 갖기 위해서 기존의 방식 중 바꿔야 할 것들은 바꾸고, 불편함을 감수하고, 계속해서 수정 보완해야 합니다."

이때 내가 부족했던 부분은 나의 목적을 원치 않은 사람들에게까지 강요했다는 것이다. 만약에 타임머신을 타고 다시 과거로 돌아간다면 소통을 통해 바라보고 있는 방향이 같은지를 먼저 알아볼 것이다. 그전 사장이 누구였든, 사장이 몇 번 바뀌었든 그런 배경을 신경 쓰기보다 현재의 리더 장윤진이 가고자 하는 스튜디오의 방향을 충분히 설명하면서 말이다.

만약 가고자 하는 방향이 같다면 나 혼자가 아닌 함께 방법을 찾았을 것이다. 서로 대화하고 소통하고 질문하면서 서로의 속도를 존중하면서 그렇게 앞으로 나아갔을 것이다. 만일 서로 방향이 같지 않다면 억지로 끌고 가지 않고 빨리 헤어졌을 것이다.

그때는 몰랐다. 그냥 사람들의 멱살을 잡고 끌고 가는 모습이었던 것 같다. 나도 힘들었지만 강사들도 얼마나 힘들었을까? 조금 바보 같아서 창피한 과거다. 물론 그 과거가 없었으면 현재도 없었겠지만.

여섯,
역지사지

───────

맞춤옷을 사러 간 적이 있었다. 가격이 꽤 나가는 유명 브랜드였다. 그래서인지 매장은 화려했고 직원들도 멋지게 차려입고 있었다. 친절한 응대 속에서 옷을 맞추었다.

구매가 얼추 마무리된 후 나가기 전 화장실에 잠깐 들렀다. 화장실도 인테리어가 훌륭했다. 값비싼 호텔 화장실에 견줄 만큼 웅장해 보였다. 그러나 볼일을 보러 칸 안에 들어간 순간, 나는 실망을 감출 수 없었다.

화장실 변기에 오랫동안 청소를 하지 않아 붉은 곰팡이가 피어 있었고, 휴지통 주변도 정리가 엉망이었던 것이다. 서둘러 볼일을 보고 나와서는 세면대 상태에 한 번 더 놀라고 말았다. 세면대의 테두리를 얼마나 안 닦았는지 물때가 까맣게 끼어 있었다.

그 지저분한 것들을 보자마자 나는 방금 전까지 보았던 화려한 매장, 멋진 직원들에 대한 환상을 모두 잊어버렸다. 심지어는 여기서 맞춘 옷이 괜찮을까 하는 걱정까지 들었다. 지저분한 화장실이 브랜드에 대한 신뢰를 무참히 깨버린 것이다.

반면 이런 가게도 있다. 내가 정말 좋아하는 샌드위치 가게인데, 프랜차이즈가 아닌 개인이 운영하는 작은 점포다. 하지만 이 가게에 들어서면 가게 곳곳에 스며든 주인의 손길을 느낄 수 있다. 테이블, 계산대, 바닥, 천장 어디 하나 깨끗하지 않은 곳이 없다. 오픈 주방을 살짝 들여다보면 식기와 조리도구 또한 완벽하게 정리되어 있다. 공간이 넓지 않은 작은 가게임에도 불구하고 어느 곳 하나 허투루 버리는 곳 없이 주인의 생각과 철학이 곳곳에 녹아 있다.

물론 맛도 있다. 샌드위치 가게이니 맛은 기본이다. 그런데 거기에 작은 부분까지 신경 쓰는 주인의 마음가짐이 더해지니, 나는 앞으로 아무리 유명한 샌드위치를 먹어도 이 가게의 맛을 결코 잊지 못할 것이다.

나는 필라테스 스튜디오의 대표이기도 하지만, 스튜디오를 나가면 여러 가게의 고객이 된다. 그렇게 고객이 될 때마다 해당 가게나 사업장에서 느낀 바를 잘 기억하려고 한다.

'내가 고객이라면 뭐가 좋아 보일까?'

'내가 고객이라면 이 가게를 다시 오고 싶을까?'

고객의 마음으로 또 오고 싶은 곳의 공통점을 찾아내려고 애쓴다. 수많은 피부관리실 중에서 회원권을 몇 번이고 다시 끊게 되는 곳은 단 한 번도 수건에서 쉰내가 난 적이 없었다. 자주 가는 유명한 삼겹살집은 맛도 좋지만 1~2명의 적은 직원으로도 효율적으로 홀을 운영하고 있다. 이처럼 떠난 고객을 다시 돌아오게 하는 가게들은 정리정돈이 잘되어 있고 고객을 방치하지 않는 등 갈 때마다 신뢰감을 올려주는 모습을 보여주었다.

반면 한 번 가고서는 다신 가지 않는 곳들의 문제점도 잘 기억해둔다. 언젠가 추천을 받아서 아주 비싼 프라이빗 키친에 가봤는데 막상 가보니 높은 가격과 유명세에 비해 직원들이 고객을 귀찮아하고 일하는 것도 생각보다 체계가 없었다. 당연히 식사가 맛있는지, 가게 분위기는 어떤지 즐길 새도 없이 불편한 마음으로 식사를 마쳤다. 그 뒤로는 다시 가지 않았다.

나는 이렇게 내가 고객이었을 때 만족스러웠던 점, 불만족스러웠던 점을 기억하고 나의 사업장에 적용하려 노력한다. 고객의 마음으로 생각해야 고객이 떠나지 않게 지킨다는 나의 사업 철학을 달성할 수 있기 때문이다.

다른 많은 사장과 대표들도 본인이 고객이었을 때를 늘 생각했으면 한다. 사장의 마인드로만 생각하면 최고의 서비스를 준비했다고 느껴도 막상 고객에겐 그것이 와닿지 않을 수 있다는 걸 기억해야 한다.

2장

청결

"어떻게 고객에게
믿음을 줄까?"

청결은 신뢰를,
신뢰는 돈을 불러온다

스튜디오 인수 후 가장 먼저 수정하고 싶었던 게 있었다. 바로 정리정돈과 청결 관리다. 나는 이것이 사업의 성공을 이루는 기본 중에 기본이라고 생각한다.

우리 스튜디오는 많은 분점을 지닌 대규모 스튜디오에 비하면 작은 규모였지만, 나는 건강을 생각하고 환경을 생각하는 마음만큼은 어디 가서 뒤지지 않길 바랐다. 게다가 주인이 세 번이나 바뀌어서 어수선하기도 했고, 당장 매출을 올리는 것보단 고객들에게 스튜디오에 대한 신뢰를 주고픈 마음이 더 우선이어서 스튜디오를 깨끗이 관리하는 데 집중했다.

나에게 있어 청소와 정리정돈은 이제 내가 온전히 대표로서 이 스튜디오를 이끌어나갈 것이며, 고객들에게 오랫동안 안심하고 다닐 수 있는 스튜디오로서의 새 출발을 하겠다는 다짐을 알리는 일이었던 것이다.

원래 스튜디오에는 청소 이모님이 따로 있어서 하루에 한 번씩 청소해주었고, 나를 비롯한 관리팀 전원이 틈틈이 쓸고 닦기도 했다. 그러나 몇백 명의 고객과 강사들이 이곳에서 운동을 하고 옷도 갈아입고 하다 보니 아무리 열심히 청소해도 한계가 있었다. 이용자가 대부분 여성이어서 떨어진 머리카락만도 수천 가닥이었다.

나는 레슨 전후 수시로 사용할 수 있게 돌돌이(테이프클리너)를 스튜디오에서 눈에 가장 잘 보이는 곳에 비치했다. 수업 후에는 매트와 기구를 닦을 수 있도록 핸드메이드 매트와 기구 클리너를 고안했다. 시중에서 파는 클리너엔 화학성분이 많아서 환경에도 좋지 않을뿐더러, 고객들의 건강에도 해가 될 터였다. 그래서 아로마 전문가와 함께 천연 아로마오일을 블렌딩한 클리너를 고안해냈고, 매번 레슨을 마칠 때마다 이 클리너로 모든 매트와 기구를 닦았다.

처음엔 몇몇 강사들이 레슨만으로도 벅찬데 때마다 주변 정리에 청소까지 해야 하냐며 불만을 내비치기도 했다. 그러나 나는 청결 관리가 고객과 스튜디오 직원들의 건강과도 직결되는 부분이며 고객에게 가장 빠르게 신뢰를 전달할 수 있는 부분이라는 생각이 확고했다. 이러한 나의 생각을 무조건 '깨끗하면 좋잖아요', '청소가 중요한 거 모르세요?' 하며 강조만 하기보단 더욱 설득력 있는 말로 전해야 했다.

"들어서자마자 청결한 스튜디오, 어디에서 레슨을 받든 마치 새 기구를 사용하는 듯한 청결감을 느낀다면 고객들은 우리를 신뢰하게 됩니다. 이 신뢰가 발판이 되어 우리의 실력까지도 신뢰하게 되는 거죠. 하나를 보면 열을 안다는 말이 있듯이 정리정돈과 청결을 유지하는 것으로 고객의 신뢰를 얻으면 결과적으로는 스튜디오뿐 아니라 강사님들 개개인의 수입과 실력을 늘려나가는 기회가 됩니다. 아주 쉽게 고객의 신뢰를 얻을 수 있는 길이 바로 청소인 거예요."

고객에게 신뢰를 줄 수 있는 공간을 위해 함께 노력하면 고객이 우리를 믿고 더 오래 머물게 되며 이런 노력이 결국 우리를 부자로 만들어준다는 나의 말에 강사들은 조금씩 청소와 정리에 대한 중요성을 인식하기 시작했다. 한번 납득을 하니 행동으로 이어졌고, 행동은 마침내 습관이 되었다. 강사들은 정리와 청소를 안 하면 자기들이 배길 수가 없다는 듯 스스로 스튜디오 청결을 가꾸는 데 힘썼다. 어느새 내가 개입하지 않아도 누군가가 기구 정리를 하지 않거나 주변을 정돈하지 않으면 강사들이 서로를 일깨워주고 때로는 협력하는 모습을 보이기까지 했다.

급기야는 매트를 닦는 매트 클리너에 이어 공기를 정화하는 에어 클리너까지 만들었다. 이 클리너는 공기 중의 세균을 제거할 수 있는데 기능뿐 아니라 아로마오일을 넣어 향도 좋아서 고객들의 사랑을 받아 판매로까지 이어졌다. 어떤 날은 수업이 없는 강사들과 관리자가 옹기종기 원을 그리고 앉아 클리너를 만들기 위해 업무를 분담하여 용기를 소독하고, 에탄올을 용기에 붓고, 스티커를 붙이고, 아로마오일을 블렌딩하는 등 함께 시간을 가지기도 했다. 이렇게 함께 클리너를 만들며 청결에 힘쓰니 스튜디오에 대한 강사들의 애정과 참여도는 점점 높아졌다.

청소에 대한 모두의 관심이 자리 잡자 수업이 있든 없든 스튜디오가 깔끔하게 유지되었다. 고객들은 우리 스튜디오가 항상 좋은 냄새가 나고 깨끗해서 좋다는 피드백을 남겼다. 그 한마디 한마디에서 우리 스튜디오에 대한 신뢰가 느껴졌다. 그리고 그 신뢰는 역시 재구매하는 고객이 늘어나는 결과로 이어졌다.

정돈은
고객의 시간을 아껴준다

필라테스라는 운동은 인간의 몸을 가장 자연스럽게 본래의 모습으로 되찾는 것에 중점을 둔다. 우리는 태어났을 때부터 거북목이 아니었고, 허리통증도 없었으며, 어깨가 앞으로 굽지도 않았다. 다만 오랫동안 잘못된 습관과 자세로 지내다 보니 수많은 통증과 질병을 얻게 된 것이다. 필라테스는 그 잘못된 습관을 인지하는 것에서부터 시작된다. 내 몸에 대해서 인지한 뒤 오랫동안 굳어져 있던 부위는 부드럽게 이완하고, 그 기능을 정상화시키고, 힘이 없어진 부위는 바른 호흡과 정렬을 기반으로 근육을 단련하는 것이다.

그전에 조금 더 중요한 개념으로 들어가보면, 움직임 그 이전에 올바른 호흡과 좋은 정렬이 바탕이 되어야 한다. 그냥 동작만 잘하면 되지 올바른 호흡과 정렬이 왜 필요한 걸까? 의학적으로 파고들면 책의 내용이 너무 길어질 수 있기에 아주 간단하게 설명하자면 다음과 같다.

올바른 호흡은 우리의 목과 어깨를 이완시켜 편안한 상태로 만들어주고, 몸의 긴장을 줄여 동작에 집중할 수 있도록 도와준다. 그리고 운동하는 동안 필요한 산소와 배출해야 할 이산화탄소의 가스 교환을 원활하게 해주고, 깊은 호흡을 함으로써 척추 안정에 필요한 복횡근, 골반기저근 등 코어 근육이라고 일컫는 근육들을 활성화해준다. 호흡을 제대로 하지 않으면 이것들을 얻을 수가 없다. 운동을 하기 전, 혹은 하는 동안 호흡을 제대로 하는 것이 참 중요하다.

올바른 정렬은 자연스러운 몸의 위치라고 생각하면 된다. 신체의 각 부분이 있어야 할 곳에 있어야 사람은 효율적인 움직임을 만들 수 있다. 그러나 그렇지 않은 상태 즉, 등이 굽었거나, 목이 굽었거나, 어깨가 말려 있는 등 올바른 정렬에서 벗어난 상태에서 운동하면 부상의 위험이 있을 수 있고 에너지도 더 많이 소모된다. 1의 노력으로 할 수 있는 동작을 10의 노력으로 하니 힘들게 느껴지는 것이다.

올바르게 호흡하며 바른 정렬을 하고 운동에 임하면 힘들이지 않고 좋은 퀄리티의 동작을 수행할 수 있다. 나는 이것을 효율성이라고 말하고 싶다. 적은 노력으로 더 제대로 된 동작을 수행해서 바른 근육을 만들어나가는 것, 애쓰거나 힘들이지 않고 완성해나가는 이 과정이 효율적이기 때문이다. 필라테스는 몸의 에너지를 꼭 필요한 곳에 필요한 만큼만 쓰게 한다.

스튜디오의 청소도 이와 마찬가지다. 필요한 물건들이 필요한 위치에 항시 있고 필요 없는 것은 치워두는 상태. 그래서 필요할 때 바로 쓸 수 있는 상태만큼 중요한 건 없다. 만일 청소와 정리 정돈이 제대로 되어 있지 않다면 어떤 일이 발생할까?

쉬운 예를 하나 들어보자. 레슨 중에 소도구를 사용한 동작으로 넘어가려고 하는데, 그 소도구가 제자리에 있지 않아서 찾는데 5분 정도 걸렸다. 누군가는 겨우 5분이라고 말할 수도 있지만 그 5분간 가만히 기다리는 고객의 시간을 비용으로 환산해보면 놀랍다. 통상 50분 레슨의 비용이 88,000원 정도라고 가정했을 때, 1분에 1,760원이 된다. 소도구를 찾기 위해 흘려보낸 시간이 5분이면 '1,760원×5분=8,800원'이다. 강사가 소비한 5분은 고객의 8,800원을 낭비한 것이나 다름없는 것이다.

아무리 레슨이 양질이어도 레슨 때마다 이런저런 일로 1분, 2분씩 소비하는 일이 일어나면 고객들은 손해를 본다. 그리고 그 손해가 쌓여 피부로 느껴지면 스튜디오에 대한 신뢰가 뚝 떨어져버리고 만다. 당연히 다시는 우리에게 발걸음하는 일이 없어진다.

나는 운동을 하기 위해 몸을 잘 정렬하는 것과 내가 존재하는 공간을 청결히 유지하는 것이 같다고 믿는다. 고객의 시간과 돈을 절약하는 프로세스이며, 효율성을 극대화하고, 고객이 애쓰지 않고 원하는 건강을 얻는 가장 좋은 과정이기 때문이다.

"이렇게 정리가 잘되어 있으니 레슨도 잘하겠죠"

우리 스튜디오는 여전히 정리와 정돈에 유달리 극성이다. 며칠 전에도 기구 정리를 제대로 하지 않은 강사가 선배 강사에게 심한 꾸지람을 듣는 일이 있었다. 우리는 왜 이리 정리정돈에 극성인 걸까?

나는 일본 CCC^{Culture Convenience Club}의 대표이자 츠타야 서점을 만든, 세계적인 기획자 마스다 무네아키^{増田宗昭}의 정리정돈 철학을 따르고 있다. 그는 정리는 필요 없는 것을 버리는 일로, 정돈은 정리해서 남긴 것 중 필요한 것을 바로 쓸 수 있게 하는 일이라고 여긴다.

스튜디오의 창고 정리부터 시작해서 모든 사소한 정리는 리더인 나와 상위관리자가 꼭 함께 진행한다. 아마 많은 사장이나 대표들이 사소한 정리는 직원들이 그때그때 하면 된다고 생각할 것이다. 그러나 '정리'의 관점에서 본다면 그렇지 않다. 정리는 필요 없는 것을 버리고 꼭 필요한 것만 남겨두어야 하는 행위다. 직원들 입장에서는 중요한 것을 버려서 후에 문제가 생기지 않을까 하는 우려로 버릴 것들을 결정하는 데 어려움을 겪을 수 있다. 무엇을 버릴지 판단하는 건 리더가 해야 할 일이기 때문이다.

이렇게 정리가 끝나고 나면 인덱스 작업을 한다. 오늘 아침에 입사한 아르바이트 직원이 보더라도 한눈에 알아볼 수 있게 하는 것이 인덱스 작업이다. 무언가를 찾을 때마다 "그 물건 어디에 있어요? 누구한테 물어봐야 해요?"라는 물음이 나오지 않게, 누구라도 바로 찾을 수 있는 상태를 만드는 것이다. 이렇게 되면 누구나 시설과 도구들을 쓰려고 할 때 물건을 찾느라 시간 낭비를 하지 않게 된다.

물건을 찾고 그 자리에 두고 그것을 유지하는 일은 사장 혼자서 할 수 없다. 그 가게에서 일하는 모든 사람이 함께해야 한다. 이렇게 정리정돈이 유지까지 잘되면 그 사업장의 모든 것들은 순조롭게 진행된다. 언제나 보기 좋은 상태가 유지되어 구성원들은 쾌적함과 자부심을 느끼고 고객들은 신뢰를 갖는다.

실제로 지나가다가 상담을 오는 워크인 고객들 중에는 우리 스튜디오 상담실의 정리된 파일들을 보면서 칭찬하는 분들이 많다. 심지어 이런 말을 남긴 고객도 있었다.

"이렇게 정돈이 잘되어 있는데 레슨은 당연히 잘하겠죠."

그러면서 바로 레슨을 등록했다. 참 놀랍지 않은가? 레슨을 받아보지도 않고 상담실의 서류들이 잘 정리되어 있는 것만 보고 레슨의 질에 대한 믿음까지 생긴다는 것이.

'하나를 보면 열을 안다'는 속담이 있듯 고객의 판단은 결코 성급한 것이 아님을 오랜 경험으로 깨닫는다. 보이는 곳은 물론이거니와 보이지 않는 곳까지 정리정돈 유지가 잘되는 것, 그것은 잘되는 사업장을 만드는 마인드의 핵심이다.

신뢰를 만드는 정리정돈 노하우

정리정돈은 흐트러지거나 혼란스러운 상태에 있는 것을 한데 모으거나 가지런히 바로잡아 질서 있는 상태가 되게 한다는 말이다. 주로 청소를 하고 물건을 제자리에 두는 등의 행동을 표현한다. 그렇다면 대면서비스업, 고객을 만나는 사업에 있어 정리정돈은 어떤 의미일까?

정리하기

필요한 것과 불필요한 것을 구분하고 불필요한 것들을 소거하는 작업

- 꼭 리더와 함께 한다. 리더가 함께하지 못하는 상황이라면 리더의 철학을 깊이 알고 있는 상위관리자가 함께 한다. 되도록이면 전 직원이 다 같이 하는 것이 가장 좋다.
- 공간과 시간, 도구를 충분히 확보한다. 물건은 수납할 박스나 서랍 등을 준비한다. 대용량 쓰레기봉투와 손을 보호할 목장갑도 구비한다.

- 모든 것들을 하나도 남김없이 꺼낸 후 꼭 필요한 것과 불필요한 것을 구분한다. 이때 기준을 정하기 어렵다면 1년간 한 번도 쓰지 않았고 앞으로도 1년간 쓰지 않을 것들을 모두 폐기한다. 아까워하지 않아도 된다. 그 공간을 차지하고 있는 것 또한 비용이다. 불필요한 것들을 버리고 나면 정돈을 위한 준비가 된 것이다. 이렇게 버리는 경험을 하면 앞으로 구매를 할 때도 신중해질 수 있다.

정돈하기

정리를 마친 상태에서 필요한 물건들을 용도와 종류에 맞게 구분하고 배치하는 것

- 비슷한 카테고리로 물건을 분류하고 물건의 무게와 사용 빈도수, 동선 등을 고려하여 배치한다.

- 모든 배치가 이상적으로 이뤄지면 스티커를 활용하여 인덱스 작업을 한다. 대분류와 소분류를 기재하여 누구나 한눈에 알아볼 수 있도록 한다. 인덱스의 글씨 크기는 되도록 수기가 아닌 프린터를 활용하여 명확하게 출력하는 것이 좋다.

- 인덱스 작업을 하며 재고 수량 등을 기록하는 시트를 만든다. 구역별로 사진을 찍어서 직원들이 사용하는 공용 시트에 업로드해놓으면 더욱더 손쉽게 물건을 찾을 수 있다.

- 정돈을 마치면 모든 사람들과 이 상황을 공유하고 함께 잘 유지하기를 독려한다. 이 정돈이 조직에게 얼마나 중요하고 꼭 필요한 일인지를 이해하게 만드는 것이 리더의 역할이다.

유지하기

누구라도 물건들을 쉽게 찾을 수 있도록 그 상태를 지키는 것

- 정리정돈된 상태가 잘 유지되고 있는지를 리더 혹은 상위관리자가 주기적으로 체크한다. 행여 잘 안 되고 있다면 다시 한번 구성원들에게 리마인드 해준다.
- 분기 혹은 반기의 주기로 계절이 바뀌고 상황이 바뀌므로 다시 '정리→정돈→유지'의 과정을 반복 실행한다. 이렇게 주기적으로 관리하면 사업장의 새는 돈이 줄어들어 비용 절감 효과까지 누릴 수 있다.
- 유지를 해나가는 일 역시 소수의 노력이 아닌 구성원 모두의 노력이 필요하며 그것이 습관이 되고 문화가 되어야 그 조직은 성공할 수 있다.

잘 보이지 않는 곳까지 챙겨야 하는 이유

　내가 청결을 통해 전하고 싶은 메시지는 궁극적으로 '고객 신뢰'다. 우리 스튜디오가 모든 것을 다 잃어도 꼭 하나 가져가고 싶은 것이기도 하다.

　이 세상의 수많은 고객들이 필라테스 레슨을 받고, 식사를 하러 레스토랑을 찾고, 피부 관리를 하기 위해 관리실을 찾는다. 그러나 고객은 레슨만 받기 위해, 식사만 하기 위해, 피부 관리만 받기 위해 매장을 찾지 않는다. 손을 씻기도 하고 화장실을 다녀오기도 하고 탈의실에서 옷을 갈아입기도 한다. 복도로 이동하는 중에는 우연히 선반 수납장 혹은 신발장을 보기도 하고 사장이 무심결에 쌓아둔 박스나 쓰레기 더미를 목격하기도 한다. 만일 서울 최고의 맛집이라 소문난 레스토랑에서 잠시 화장실을 갔는데 쓰레기통이 꽉 차서 넘치고 있는 걸 본다면 고객은 무슨 생각을 하게 될까? 음식의 맛이 아무리 훌륭했어도 그 레스토랑에 대한 전체적인 인상 자체는 신뢰보단 불신에 가까울 것이다.

결국 신뢰라는 것은 눈에 드러나는 것뿐만이 아니라 눈에 잘 보이지 않는 부분까지도 믿음을 줘야 얻을 수 있다. 그리고 그것은 구성원 모두가 함께 인지해야만 한다. 적게는 수십 명에서 많게는 백 명이 넘는 사람들이 오고 가는 스튜디오의 청결을 청소 이모님 한 사람, 청결에 진심인 대표, 관리자 몇 명의 힘만으로는 온전히 유지할 수 없다.

그래서 나는 한두 사람의 힘이 아닌, 우리 스튜디오에 몸담고 있는 모든 구성원이 한마음이 되어 본인이 수업하거나 연습했던 자리를 정리하고 소독하는 문화를 만들고자 했다. 더 나아가서는 고객들도 같은 마음이 되어 수업을 마친 후 세척 스프레이를 뿌리고 기구와 소도구 그리고 매트를 소독하는 게 당연한 문화가 되었으면 했다. 그렇게 모두 함께 청결을 유지하는 문화가 트리니티에 정착하게 되었다.

고객은 신뢰를 느끼면 비로소 제공받는 서비스에 합당한 비용을 거리낌없이 지불한다. 비용을 받는 사장 역시 당당해진다. 그 당당함으로 고객을 지키는 힘을 얻는다. 돈을 주는 사람은 기분이 좋아야 하고 돈을 받는 사람은 당당해야 한다. 내가 당당하지 못하면 가격을 깎아주거나 무언가를 덤으로 주어야 하고, 받는 사람의 입장에서는 깎아주는 가격이 마냥 반갑기보다는 왜 가격을 깎아주려고 하는지 의구심을 가지게 된다.

나는 스튜디오에 대한 신뢰감을 지켜내는 것이 우리가 당당하게 돈을 벌 수 있는 가장 기본 요소라고 생각했다. 그래서 공간을 정리하고 청결히 하는 것은 우리가 당당한 부자가 되기 위한 첫걸음이라 여겼다. 그리고 트리니티에 몸담고 있는 사람들이라면 모두가 같은 마음으로 기쁘게 그 첫걸음을 함께하는 문화를 만들었다.

물론 가끔은 게을러질 때도 있지만 일부러라도 서로에게 다짐을 하곤 한다.

"우리 창고 정리나 할까요?"
"우리 기구 대청소나 할까요?"

본인이 일하는 공간을 아끼고 정리하는 사람들이 많으면 많을수록 그 구성원들은 부자가 되고 사업장도 돈을 많이 벌게 되며 고객들이 떠나지 않고 다시 돌아온다는 진리를 사장이 될 모든 분들이 믿었으면 한다.

누가 우리 가게의 문을 열고 들어와줄지
그 어떤 사장도 알 수 없다.
우리 가게의 서비스를 꼭 필요로 하는 사람일 수도 있고,
호기심에 잠깐 들러본 사람일 수도 있다.
서비스에 대해 정당한 대가를 지불하는 데
주저함이 없는 사람도 있겠고,
작은 부분에도 예민하게 반응하는 사람도 있겠다.
어떤 사람이 나의 고객이 되든, 천차만별 각양각색 고객에 대한
사장의 태도는 한결같아야 한다.
아주 기본적인 것부터 고객에게 더욱 가까워지기 위한
스텝들까지 잊지 말아야 한다.
고객을 만났을 때 보여주는 태도가 그 고객을
감동시키느냐 아니냐를 가장 명확하게 가르기 때문이다.

T e c h n i c

2부

고객을
만나는 동안

F r i e n d s h i p

감동까지 느껴야
진짜 내 고객이 된다

H u m a n i t y

3장

인사

"어떻게 처음부터
좋은 인상을 남길까?"

사장부터
솔선수범하여 인사한다

많은 사장이 직원들이 고객에게 인사 좀 잘했으면 하고 바란다. 그런데 생각해보면 우린 아주 어릴 적부터 인사하는 법을 배워왔다. 그런데도 인사를 잘하게 하려면 어떻게 해야 할지 고민해야 한다니.

인사는 가르치고 강요하고 매뉴얼화한다고 해결되는 게 아니다. 인사의 본질은 '서로가 서로에게 다가서는 태도'이기 때문이다. 인간관계의 가장 기본이자 직원이 고객에게만 일방적으로 제공되는 서비스가 아닌 것이다.

그래서 나는 사장이 직원들에게 진심으로 인사하고 다가가지 못하면서 직원들이 고객에게 진심으로 인사하며 다가가길 바란다는 것은 지나친 욕심이라고 생각한다. 결국 사장이 할 일은 인사를 가르치는 것이 아니라 태도를 전파하는 것이다. 서로가 서로에게 진심으로 다가가려는 그 태도 말이다.

잠실 트리니티 스튜디오에 출근하기 며칠 전 스튜디오의 분위기를 파악하기 위해 잠시 들린 적이 있었다. 스튜디오는 잠실의 주거단지 내에 있는 주상복합건물의 1층에 자리 잡고 있었고 주변은 고층 아파트 단지로 둘러싸인 빌딩 숲이었다. 스튜디오 문을 열고 들어서니 규모는 25평 정도였고 강사 선생님 한 분이 레슨을 하고 있었다.

내가 문을 열고 들어가니, 선생님은 나를 한번 쳐다보고 시계를 한번 쳐다보더니 한마디를 던졌다.

"10분 후에 오세요."

그러더니 곧바로 본인의 수업을 다시 진행하는 것이 아닌가. 수업을 방해할 것 같아 미안한 마음에 황급히 다시 문을 닫고 나왔다.

이것이 나의 잠실 스튜디오에 대한 첫인상이었다. 고객이 문을 열고 들어와도 응대하고 인사할 사람이 없는 스튜디오. 물론 수업하고 있던 강사분은 수업 중인지라 고객을 응대하기 어려웠을 것이다. 하지만 '안녕하세요' 혹은 '지금은 응대를 못 해드려 죄송하지만'이라는 양해가 없다는 것이 아쉬웠다. 만일 내성적인 고객이 용기를 내서 스튜디오에 방문한 상황이었다면 '10분 뒤에 다시 오세요'라는 한마디만 던진 강사님의 차가운 태도에 바로 도망가지 않았을까?

또한 아주 잠깐 둘러본 잠실 스튜디오의 첫인상은 온기 없이 차가웠고 공간은 어딘가 모르게 정리정돈이 안 되어 있어서 어수선했다. 고객이 단 1초 만에 정립할 잠실 스튜디오의 첫인상은 그런 것이었다.

그날 나는 이렇게 결심했다.

'이제 출근하면 고객이 찾아오셨을 때 반갑게 맞이하고 인사하는 것부터 습관이 되게 해야겠다.'

감사하는 마음으로
하루를 시작한다

　고객이 가게 문을 딱 들어서자마자 미소를 띠며 진심을 담아 인사하는 것만큼 서로에게 기분 좋은 일이 또 있을까? 인사의 중요성은 아무리 강조해도 지나치지 않을 만큼 중요하고 또 중요하다. 이 사실을 모르는 사장은 없다. 그러나 모두 알고 있으면서도 생각보다 실천을 이뤄내기 어려운 게 바로 인사다.

　인사하는 것을 사내 문화처럼 만들기로 다짐했지만, 막상 그걸 직원들에게 말하려니 쉽지 않았다. 인사를 잘하고 독려하는 것은 자칫 직원들을 무시하는 것처럼 비춰질 수 있기 때문이다. 마치 '너는 그 기본적인 것도 잘 못 하냐'는 곡해를 부를 수 있었다. 그래서 나는 내가 먼저 인사를 건네기로 했다.

　물론 나도 아직은 데면데면한 기존 강사들과 직원들에게 살갑게 인사하는 것이 쉽지는 않았다. 나에게도 '인사 습관'이 몸에 익숙하게 배어야만 했다. 이를 위해 아침에 눈을 뜨며 나 스스로에게 인사를 건네며 하루를 시작했다.

우리는 아침에 눈을 뜨면 가장 먼저 나 자신을 만난다. 그다음
으로는 배우자 혹은 귀여운 아이들, 부모님, 반려동물을 만난다.
그날의 행운은 그때부터 시작된다. 그냥 습관적으로 일어나 눈
비비고 피곤하고 짜증 나는 마음으로 하루를 시작하기보단 어제
종일 열심히 일하고 밤 동안 푹 자고 일어난 나에게 반갑게 인사
해주는 게 어떨까? 오늘 하루도 많이 수고할 예정이니 미리 한번
나를 꼬옥 안아주기도 해보자. 밤새 안녕히 주무신 부모님께 감
사의 인사를, 자면서도 열심히 쑥쑥 크고 아침에 건강하게 눈을
뜬 사랑스러운 아이들에게는 반가움의 인사를, 지난밤 동안 내
옆을 든든하게 지켜준 배우자에게 사랑의 인사를 건네보자.

일터에 나가면 나보다 먼저 출근해 있는 직원들이 각자 자기
의 할 일을 하고 있다. 이들은 아마도 이른 아침부터 일어나서 밥
도 못 챙겨 먹고 나왔을지도 모른다. 어쩌면 출근길에 '지옥철'을
타고 사람들에게 부대끼며 출근했을지도 모른다. 어쩌면 밤새 아
팠는데도 고객과의 약속을 지키려고 온 힘을 다해 출근했을 수
도 있다. 혹은 아이가 가지 말라고 울고 매달리는데 아이를 떼어
내고 고객과의 시간을 지키기 위해 힘겨운 출근을 했을 수도 있
다. 그들은 모두 각자의 사연을 지니고 매일매일 고객을 만나러

온다.

그래서 그날 만난 모든 강사들과 직원들의 출근은 참 감사하고 소중한 일이다. 지각도 하지 않고 무단결근도 하지 않고 사고 없이 다치지 않고 심지어 깨끗이 씻고 단정하고 화사한 모습으로 무사히 스튜디오에 와주었다. 이런 소중하고 귀한 사람들에게 매일매일 큰 선물을 해주지는 못하더라도 인사는 그 누구보다 더 밝고 활기차게 해줄 수 있지 않은가? 그렇게 나는 마음에서 우러나오는 감사함으로 먼저 다가가 인사할 수 있었다.

직원들이 인사를 잘하길 기다리지 말고 직원들에게 먼저 인사를 건네보자. 먼저 다가가 인사도 건네고, 아픈 데는 없는지 묻기도 하고, 오늘 입은 옷이 멋지다고 칭찬도 해주며 오늘 하루 기분 좋게 일할 수 있도록 해보자. 아침 식사는 든든하게 먹고 왔는지 모닝커피는 마셨는지도 물어보자. 인사한다고, 칭찬한다고 돈이 드는 것도 아니니 인색할 필요가 전혀 없다. 그렇게 인사해주고 서로 웃으며 소통하면 그 기분 좋은 에너지가 고객들에게 고스란히 전달된다.

상가 건물에 있는
모두에게 인사한다

스튜디오를 인수했을 당시, 스튜디오에 있던 기존 강사들은 오랜 경력을 가지고 있었고 역량 역시 훌륭했다. 그러다 보니 저도 모르게 몸에 '나는 고객을 가르치는 선생님이다'라는 태도가 묻어났다. 물론 강사가 고객에게 필라테스를 가르쳐드리는 것은 맞다. 그러나 더 엄밀히 말하자면, 강사는 고객에게 필라테스를 가르치는 것이 아니라 필라테스를 가르치는 '서비스'를 제공하고 있는 것이다.

당시 강사들은 고객 서비스에 대한 정의나 인사에 대한 가치 등에 지침을 받은 적이 없었기 때문에 각자의 인성, 사람을 대하는 방식에 따라 인사하는 방법도, 고객을 대하는 태도와 서비스도 각기 달랐다. 어떤 강사는 자기 고객이 와도 시큰둥하고, 어떤 강사는 자기 고객에게는 인사하지만 다른 강사의 고객에게는 인사하지 않았다. 또 어떤 강사는 고객과의 거리감이 너무 없어서 서로의 사적인 영역까지 깊게 공유하며 불편의 소지를 만들고 있었다.

나는 이걸 어디서부터 수정해나가야 할지 도통 감이 안 잡혔지만, 그래도 서투르게나마 내가 원하는 부분을 솔직하게 전달했다.

"내 고객이든 다른 강사의 고객이든 상관없이 인사해봅시다. 말로만 하는 인사가 아닌 마음에서 우러나오는 진심으로 인사를 하면 좋겠습니다. 그리고 우리 스튜디오를 찾는 고객뿐 아니라 상가에서 마주치는 입점주들에게도 인사해봅시다. 아니, 상가 안에서 스쳐 지나가는 모든 분들에게 인사해봐요. 처음은 어색하겠지만 꾸준히 하다 보면 분명 익숙해질 거예요."

고객까지는 알겠는데 상가의 입점주에게는 왜 인사를 해야 할까 의아할 수도 있다. 하지만 우리 상가는 미용실, 피부관리실, 네일숍, 의류숍, 왁싱숍 등 뷰티 업종이 몰려 있다. 그래서 우리 고객이 그들의 고객이고, 그들의 고객이 우리 고객이 될 확률이 높았다. 우리가 입점주들과 친하게 지냈을 때 우리에게 나쁠 것이 전혀 없었다.

대부분의 여성 고객들은 운동할 때나, 피부 관리를 받을 때나, 네일아트를 받을 때나, 머리 스타일을 바꿀 때 담당 직원과 수많은 이야기를 나눈다. 가족, 친척, 친구, 자식, 맛집, 일상생활 등에 대한 수도 없는 대화가 오고 간다. 그래서 상가에서 근무하는 입점주들과 친해지고 좋은 인상을 준다는 것은 우리 스튜디오의 잠재 고객을 확보하는 좋은 방법이 된다. 몇백만 원을 들여서 파워블로거에게 홍보 글을 맡기거나 클릭당 몇천 원의 비용이 드는 키워드 광고를 거는 것는 것보다 위층의 피부관리실 사장님, 아래층의 미용실 디자이너분이 그분들의 VIP고객에게 우리 스튜디오를 소개해주는 게 훨씬 더 효율적인 홍보였다.

물론 강사들에게 광범위한 인사를 요청하자 처음엔 불평도 많았고 인사가 잘 이루어지지도 않았다. 그래서 오랜 시간을 기다리며 인내했고 내가 나서서 솔선수범했다. 하루에도 인사만 수십 번은 한 것 같다.

인사는 정형화되어 있지 않았다. 상대의 나이, 업종, 관계에 따라 달라졌다. 예를 들어 나이가 있는 여자 사장님들에게는 정중하게 인사드리며 가끔 룩에 대한 칭찬을 했다. 나보다 젊은 사장님들에게는 누나처럼 친구처럼 대하면서 인사했다. 또 왠지 지쳐보이거나 상황이 안 좋아 보이는 사람에겐 내가 힘이 되어줄 수 있는 부분이 무엇인지도 고민해보았다. 능구렁이 성향의 고객, 상가 입점주라면 때론 위트 있게 받아내는 인사도 필요했다.

그렇게 열심히 인사하며 시간을 보내고 나니 아래층 부동산 사장님에게도, 옷 수선집 사장님에게도 기분 좋은 말이 들려오기 시작했다.

> "스튜디오의 선생님들이 활짝 웃으며 인사를 해주어서 아침 출근길이 너무 기분 좋네요."
> "어쩌면 다들 그렇게 건강미가 넘쳐요? 마음씨도 곱고."
> "우리 숍에 허리가 아픈 손님이 있는데 한번 모시고 갈 게요. 그분도 트리니티에 가시면 분명 밝은 에너지 덕에 금방 나으실 거 같아요."

그리고 어느 날은 이웃 미용실 부원장님이 머리에 파마 롤을 만 고객의 손을 잡고 우리 스튜디오로 고객을 모시고 와주기도 했다. 상가 내에 있는 피부관리실 및 네일숍 원장님들은 한 달에도 몇 분씩 고객을 소개해주었고 거기서 그치는 게 아니라 직원분들이 팀을 이뤄서 그룹 필라테스를 받으러 오기도 했다.

아카데미 교육생을 소개해준 상가 수영 강사님, 본인의 인스타와 블로그에 우리 스튜디오를 자랑해준 부동산 사장님 등 이렇게 우리 스튜디오를 믿고 소개해주는 분들이 늘어나기 시작한 비결의 8할은 인사의 힘이었다. 무작정 인사하는 게 어려웠을 텐데도 필라테스 서비스를 제공한다는 인식을 가지고 적극적으로 참여해준 강사들과 직원들에게 지금도 고마울 따름이다.

돈 한 푼 들지 않는
완벽한 영업 비밀

　스튜디오를 찾는 고객은 참으로 다양하다. 여유 있게 도착하면서 강사가 마실 커피까지 테이크아웃해 오는 고객님, 아침에 무슨 일이 있었는지 어깨가 축 처져 울상이 되어 들어오는 고객님, 아침부터 스케줄이 꼬였다면서 시간이 늦어 헐레벌떡 정신없는 고객님, 운동을 마치고 좋은 곳을 가는지 한껏 멋을 내고 온 고객님 등, 동 시간대에 레슨을 받는 10명이 넘는 고객들 모두 각기 다른 사연과 다른 아침의 모습이 있다.

　수많은 사연을 지닌 고객들을 대면해야 하는 우리의 인사는 한 가지 방식으로만 귀결되지는 않는다. 스튜디오를 처음 찾아오느라 길을 헤매고 있는 고객은 스튜디오에 빨리 도착하길 가만히 기다리기보다 복도 앞으로 마중을 나가 인사하고 모셔온다. 아이나 혹은 강아지가 아파서 우울해한다면 아무런 말 없이 그냥 살포시 안아드리는 게 좋겠다. 시원한 커피를 사다 주는 고객님에게는 행복하고 감사한 마음을 마구마구 알려드리고 싶다. 늦어서 헐레벌떡 들어오는 분들은 가만히 앉아만 있기보다는 옷도 받아드리고 신발도 신발장에 넣어드리면서 그분의 초조한 마음을 배려하며 맞이했으면 좋겠다. 한껏 멋을 내고 온 고객에게는 10년은 더 젊어 보인다면서 칭찬을 마음껏 해드리고 싶다. 운동이 정말 하기 싫은데 억지로 오는 고객이라면 그 무거운 발걸음이 얼마나 어려웠을지도 알아주고 격려해주고 칭찬해드리고 싶다.

"어서 오세요, 길을 찾느라 고생하셨죠?"
"고객님 커피 덕분에 카페인 수혈됐어요! 감사해요!"
"아이고, 늦으셨구나. 옷 갈아입다 넘어지실 수 있으니 천천히 하세요."
"와, 오늘 어디 가세요? 약속 없으시면 바로 잡으셔야겠어요. 헤어, 메이크업, 코디 다 완벽하시네요."
"일단 스튜디오에 오셨으니 반은 성공하신 거예요! 자, 조금만 더 힘내서 레슨 시작할까요?"

정말 놀라운 사실은, 이 모든 말들을 하는 데 돈이 한 푼도 들지 않는다는 것이다. 단 몇 초, 진심을 담아 마음을 전하면 되는 일이다.

그럼에도 고객이 왜 늦었는지, 컨디션은 괜찮은지, 불편하거나 아픈 곳은 없는지, 오늘 스튜디오에 들어오는 발걸음은 무거운지 가벼운지 살피지 않고 그저 수업만 진행하며 레슨 소진에만 신경을 쓰는 강사도 종종 있다. 그날 고객의 레슨 수를 급여로만 환산하는 이런 강사의 주변은 조금 허전하다. 고객의 마음을 살피지 않고 그저 레슨만 진행하는 강사는 고객이 필요로 하는 서비스는 제공할 수 있지만 고객으로부터 사랑받지는 못한다. 그리고 결국 그 고객이 다시 레슨을 요청할 일도 없어진다.

롱런하는 강사들을 잘 살펴보면 레슨에 대한 실력은 당연히 갖추고 있으면서도, 고객과 입장을 바꾸어 생각할 수 있는 휴머니즘의 태도와 고객을 오랜 친구처럼 대하는 프렌드십을 지니고 있다. 그리고 그 첫 시작으로 배려와 진심으로 전하는 인사를 절대 빼놓지 않는다.

나 또한 바쁘고 업무에 치일 때는 인사하는 것조차 버거울 때가 있다. 하루에도 몇십 명, 때로는 몇백 명을 만나고 인사하다 보니 그들이 건네는 한마디 한마디가 축척되어 체력이 달리는 때가 있는 것도 사실이다. 하도 말을 많이 해서 입안에 침이 한 방울도 없이 건조해져 아무 말도 하기 싫어질 때도 있다. 아무도 없는 무인도로 가서 1박 2일만 살다 오고 싶을 정도로 사람을 대하는 것이 지칠 때도 있다.

그러나 대면서비스업을 하는 사람은 고객과 떨어져서는 살아갈 수 없기에 이 모든 행위가 즐겁게 우러나올 수 있도록 자신의 건강을 지켜야 한다. 인사하며 고객을 맞이한다는 것도 기운이 있고 건강해야 하는 것이다. 그래서 오늘도 운동을 하고 좋은 에너지를 유지할 수 있도록 노력한다. 지치고 힘들다는 이유로 들어오는 고객에게 미소 짓지 못하고 피곤하게 보이지 않기 위해 나 자신을 소중히 여기고 건강을 지키고 멘탈을 맑게 지켜내는 것이 중요하다. 이렇게 단단해진 내가 되어야만 직원들을 반갑게 맞이하고 그 직원들이 고객들을 행복하게 맞이해줄 테니 말이다.

4장

표현

"어떻게 해야
우리의 진심이 닿을까?"

조건 없는
선물을 준비한다

어느 날 갑자기 아무런 이유 없이 선물을 받으면 어떨까? 우리는 대개 조건이 붙은 선물만 받아왔다. 성적이 올라서, 대학에 합격해서, 생일이라서, 결혼기념일이라서, 100만 원 이상 구매해서, 여름 할인 이벤트 기간이라서, 새롭게 오픈해서 등 다양한 조건부 선물들을 받아온 것이다.

이런 조건부 선물도 어쨌든 선물이니 기분이 좋지만, 나는 조건 없이 주는 깜짝 선물을 고객들에게 주고 싶었다. 물론 구매 후 증정하는 선물은 매출로 직결되는 영업 방식이기도 하고 단기간에 사업장을 알릴 수 있는 고전적인 홍보 방법이다. 우리 스튜디오도 이런 이벤트를 종종 하고 있고 효과를 얻은 적도 있다. 하지만 이는 진정 '고객이 트리니티를 사랑할 수밖에 없는 이벤트'는 아니라는 생각이 컸다. 그래서 얼마 이상 결제해야만 주는 선물이 아닌 조건은 없고 의미는 있는 선물을 주고자 고민했다.

여기서 중요한 게 '의미'다. 선물을 받는 순간 고객과 스튜디오가 함께 의미를 느끼거나 재미를 느낄 수 있는 선물이 중요하다.

~~~~~~~

- 오늘 아침, 당신이 생각나서
- 갑자기 행운이 당신에게 찾아가길 바라서
- 운동을 열심히 하는 당신이 참 대견해서
- 우리랑 오래오래 함께 있어주니 고마워서

~~~~~~~

어떻게 보면 뜬금없지만 알고 보면 고객이 오기 전에도, 고객이 왔을 때도, 고객이 레슨을 마치고 갔을 때도 우리가 고객을 생각하고 있음을 드러내는 의미들이다.

트리니티의 특별한 의미가 담긴 선물이 하나 더 있다. 바로 재능기부다. 필라테스 관련일 때도 있고 명상, 미용, 재테크, 인문학, 마케팅, 브랜딩, 사상체질 등 다양한 장르의 강연을 재능기부해왔다. 우리 고객뿐 아니라 누구라도 신청하면 강연을 들을 수 있도록 개방해놓았다.

TRNT TRINITY PILATES

2019.7
GIFT

친구야, 필라테스 하자!
친구 소개 이벤트
7월 한 달 동안 지인을 소개 해주신 분들에게
'근막 이완 세트' 선물을 드립니다

TRNT
HELLO, SUMMER

사랑하는 ●●님과
300번의 레슨♡
비가오나 눈이오나
꾸준히 성실하게
함께 해주셔서 감사해요.

이렇게 건강하게
변화해 가는 모습이
너무 보기 좋습니다♡♡♡

소개 고객 선물과
300회 운동한 고객에게 드린 선물

고객마다 기념할 일을 만들어
계속해서 트리니티와의 라포를 쌓고
신뢰를 이어가기 위해 작지만
정성 가득한 선물을 준비한다.

당장의 이익보다
고객의 행복을 챙긴다

우리는 고객이 결제하는 순간이 아닌 의미 있는 날을 정해놓고 깜짝 선물을 드린다. 고객만을 위한 기념일을 정하는 셈이다. 이를테면 고객의 레슨 회차가 100회가 되는 날, 예쁜 꽃다발과 손편지, 행복해질 만한 값진 선물을 준비한 후 고객이 눈치채지 못한 순간 깜짝 선물로 드린다. 고객은 예상도 못 했고 선물을 왜 받는지도 모르지만 이내 오늘의 레슨이 100회가 되는 날이었다는 것을 알게 되며 매우 행복해한다.

어쩌면 그냥 지나칠 수 있는 평범한 레슨에 '고객이 우리와 함께한 지 100회가 되는 날'이라는 의미가 담기면 고객은 자신이 우리 스튜디오를 선택한 것을 행운이라 여기게 되고 자신의 삶에 생긴 올바른 습관과 그 습관이 바꾸어놓은 삶을 스스로도 축하할 수 있다.

이렇게 깜짝 선물을 드리는 날만큼은 시간이 되는 관리자와 강사들이 최대한 많이 모여 고객님을 축하하고 기쁘게 해드리려고 노력한다.

이 외에도 우리는 선물을 준비할 때 그달에 신규 등록을 하는 고객들을 위해서만 준비하는 이벤트성 선물은 배제한다. 신규 고객도 소중하지만 지금까지 우리와 함께해준 고객들에게 감사한 마음을 더욱 표현하고자 하는 것이다.

선물은 비용이 조금 들어가더라도 트리니티에 운동하러 오는 모든 고객에게 다 드린다. 7주년을 기념하는 쿠키도, 우리가 처음으로 만든 머그잔도, 코로나로 인해 공용 수건을 쓰지 못해 따로 선물한 땀수건도 이렇게 탄생됐다. 건강 관련 음료나 식품, 근막 이완 패치도 신규 고객을 유혹하기 위한 사은품으로 사용하는 것이 아니라 아무 조건 없이 우리와 함께한 고객과 나누었다. 비록 비싸고 큰 선물은 아닐지라도 그냥 아무 조건 없이 마음을 담아 드리는 선물이기에 더 기뻤다.

우리 스튜디오는 매해 여름 출석 이벤트를 하는데 일정 기간 열심히 운동하여 스티커를 모은 분들에게 재밌고 의미 있는 선물을 드린다. 코로나19 시국에는 스튜디오에 와서 운동하지 않더라도 공원 혹은 한강에서 러닝을 하거나 다른 곳에서 요가를 해도 선물을 드렸다.

이런 이벤트는 사실 스튜디오의 매출 증대에 직결되지 않는다. 좋은 선물을 준비하느라 비용도 상당히 발생한다. 하지만 우리에게 중요한 것은 고객이 건강을 지키는 행위를 계속하는 일이다. 그걸 온 마음으로 응원하고 북돋워주는 게 우리의 임무라고 생각한다. 실제로 고객들은 스스로 열심히 운동을 하면서 자신의 건강과 더불어 우리 스튜디오에 대한 신뢰도 함께 쌓아간다. 그렇게 신뢰를 쌓다 보니 고객들은 우리를 사랑하게 되고 그 사랑의 힘으로 더 좋은 관계가 맺어진다. 코로나19 이전에 기획했던 스프링 파티 재능기부도, 고객의 추가 유산소 운동을 위한 러닝 클래스도 우리는 아무런 금전적 대가 없이 진행했다. 그리고 돈보다 더 소중한 고객들의 사랑과 신뢰를 얻었다. 단기적으로는 매출과는 무관하지만 장기적으로 고객의 신뢰를 얻었기에 더 멀리 보면 스튜디오가 돈을 버는 데도 더욱 유의미했다.

2022년이 되면서는 내부 고객이라 할 수 있는 직원들을 위한 선물을 늘렸다. 이러한 결정을 한 것은 직원이 만족해야 고객이 만족한다는 불변의 진리 때문이었다. 늘 고객을 위해 애쓰는 강사와 직원들에게도 조건 없는 감사를 전해야 그 진심이 커지고 전해져 직원들이 고객을 잘 지켜낼 것이라는 확신을 갖고 결심한 일이다. 그 확신은 틀리지 않았다. 고객들은 예전에 받았던 것보다 선물이 줄어도 전혀 불평하지 않았고 직원들의 만족도는 높아졌으며 자연스레 재구매 고객도 늘었기 때문이다.

나는 이런 선물이 좋다. 아무런 조건이 없는 선물, 관계가 오래될수록 서로를 섬기는 선물, 같은 선물이라도 아무거나가 아닌 의미와 재미를 담아서 하는 선물 말이다.

매일 이런 것들을 기획하느라 트리니티 관리팀은 머리를 쥐어짠다. 매출 계획, 비용 계획보다 이런 것들을 고민하는 데 시간을 쓰는 게 괜찮을까 싶을 때도 있지만 우리도 행복하고 고객도 행복하니 이보다 더 좋을 수 없다.

그래서 오늘도 우리는 고민을 한다.

"다음 달에 우리 뭐 할까?"

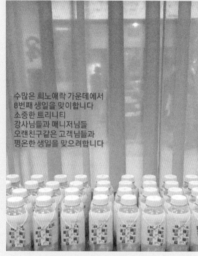

고객들에게 준 선물들

어찌 보면 약소하지만
받아든 고객들의 얼굴에는
언제나 행복이 넘친다.

작은 선물의
힘

우리 스튜디오 강사 중에 참 사랑스러운 사람이 있다. 그녀는 수고하는 관리자를 위해 소소한 선물(젤리, 과자, 사탕)을 가지고 출근한다. 밝은 미소로 스튜디오를 들어서서는 '당 떨어질 때 드세요'라는 말과 젤리를 남기고 일을 하러 간다.

그녀는 처음 입사할 때부터 뛰어난 실력과 인성으로 많은 이들의 마음을 사로잡았다. 굉장히 빠른 속도로 승진하여 예비 필라테스 강사들을 지도하는 스튜디오의 교육 강사로 임명되었는데 교육을 준비하면서도 예비 강사들의 당 보충을 위해서 교육 전날 밤에 포도당 캔디와 귀여운 스티커를 준비하곤 한다.

더욱 놀라운 것은 그녀와 1년에 한 번 강사 계약을 하는 시간이다. 보통 강사들이 스튜디오와 계약을 할 때는 본인의 조건을 높이거나 어떻게 하면 돈을 더 많이 받을 수 있을지 고민한다. 그러나 그녀는 계약하는 날, 리더로서 수고가 많다는 감사 인사와 함께 스튜디오에 필요한 작은 선물을 가져오곤 한다. 그 선물이 값비싸거나 대단한 것들이 아닐지라도 그 마음 씀씀이는 나보다 더 어른스러울 때가 많다. 그녀는 그림을 잘 그려서 강사를 하면서 일러스트를 그리며 인스타그램을 운영하고 있다. 이 업계에 종사하는 사람들이 공감할 수 있는 웹툰으로 인기를 얻고 있지만 절대 교만하지 않고 계속 나눔과 공감을 실천하면서 사랑스러운 인플루언서로 거듭나고 있다.

그녀는 입사한 지 얼마 안 되어서 교육 강사로 빠른 승진을 했고, 고객에게는 무한 사랑을, 동료들에게는 진심 어린 응원을 받는다. 그녀의 제자들에게도 사랑과 존경을 받고 있으며, 동종업계 종사자들에게도 팬덤까지 형성하면서 빠른 속도로 성장하고 있다. 그럼에도 불구하고 처음 모습 그대로 자만하지 않고 더 친근한 모습으로 매일매일 작은 선물을 준비한다. 그런 그녀를 어찌 사랑하지 않을 수 있을까?

내가 스튜디오를 추가로 오픈하게 된다면 반드시 책임자로 보내고 싶은 인재다. 그녀와 함께 일하는 사람들은 그녀로 인해 정말 행복하게 일할 것임이 분명하기 때문이다. 그녀야말로 진정한 리더의 그릇을 가진 사람이다.

이처럼 때로는 큰 선물보다 작은 선물이 더욱 진정성을 전달하고 감동을 주기도 한다. 그 선물을 준비하기까지 나를 얼마나 생각했을지, 그 시간이 참으로 감사하고 놀랍기 때문이다.

그녀를 보며 나도 작은 선물의 힘을 느끼기 시작했다. 그래서 고객들은 물론이고 나와 자주 마주치는 강사들, 직원들, 여러 리더들을 생각하며 작은 선물을 종종 준비하곤 한다. 이 책을 만들기 위해 출판사분들과 만날 때도 우리 트리니티와 나의 경영 철학을 잘 담아내주기 위해 노력해주어 고맙다는 마음으로 트리니티 굿즈를 선물하기도 했다. 만남의 시간은 지나가지만 그 만남의 순간 전달한 작은 선물은 영원히 남아 그 시간을 기억하게 해줄 테니까.

내가 작은 선물을 준비하는 팁을 정리해보았다.

〰〰〰〰〰〰

- 오늘 내가 만날 사람들을 생각하면서 평소의 대화를 떠올려본다. 그들의 행동과 말을 관찰하고 기록하면서 그들이 원하는 것은 무엇일까 고민해보면 그들을 위한 작은 선물이 떠오를 것이다.
- 아주 작은 선물이라도 좋다. 손수 쓴 손편지와 함께 준다면 그 감동은 배가 된다.
- 어른을 만나거나 누군가의 도움을 받기 위해 참석하는 자리라면 꼭 그분

을 위한 선물을 준비한다. 꽃 한 송이라도 좋다. 당신에게 더 유익한 보답으로 돌아올 것이다.

- 월급을 받는 것을 당연히 여기지 말고 당신을 도와주었던 관리자, 후배, 동료들에게 커피 한 잔이라도 건네보는 것은 어떨까? 돈을 많이 벌고 잘나갈 때 더 겸손하고 주변에 잘해야 한다.

- 사장에게만 잘 보이려고 하지 말고 꼭 아랫사람을 챙겨라. 내리사랑으로 아랫사람을 잘 챙기는 사람이 진짜 리더다.

~~~~~~~~~~~

@pilapilayeonu

작은 선물의 가치를 알려준 그녀에게서 받은 그림

나와 재계약할 때 하나씩 가져온 그림들이 너무 감사하고 예뻐서 엽서로 만들었다.
이 그림 엽서는 트리니티에 방문하는 고객들에게 선물로 주고 있다.
내가 받았던 깜짝 선물의 기쁨을 다시 고객에게 전하고 싶었기 때문이다.
그녀는 현재 인스타그램에서 팔로워가 많은 일러스트레이터로도 유명하다.

대가를 바라지 않고
베풀 때 돌아오는 것

착한 사람은 손해를 보는 사람이고 호구인 걸까? 기버^{Giver}와 테이커^{Taker}, 호구에 대해 설명한 유튜브 동영상을 본 적이 있다.[•] 늘 주기만 하고 자기 것을 챙기지 못해서 실패하거나, 사기를 당하는 사람들을 '호구'라고 칭한다. 호구 그룹은 성공 사다리의 맨 밑에 존재하며 실패자의 인생을 살아간다. 매번 당하기만 하고 베풀기만 해서 실속 없이 살아가고 같은 실수를 되풀이한다. 호구와는 반대로 남의 것을 빼앗고 얻기만 할 뿐 타인에게 베풀지 않는 테이커 그룹은 자신의 이득을 위해 타인을 이용하며 그 고마움도 모른 채 살아간다. 그들은 빠른 시간 내에 성공 지점에 갈 수 있지만 타인의 지지를 얻지 못하고 원망을 받으며 쉽게 무너진다. 그리고 받은 만큼 정확히 계산을 지불하는 매처^{Matcher} 그룹

• 〈호구가 세상을 얻는다 : 인간관계학 (feat. 기브앤테이크)〉, 책그림 채널, https://youtu.be/yku1m4gOXrQ

은 테이커만큼 남에게 피해를 주지는 않지만 진심이 결여된 거래 관계로만 인식되어 사다리의 정점에는 오르지 못한다.

그렇다면 여기서 궁금해진다. 성공 사다리의 최정점에 있는, 가장 성공한 그룹은 누구일까? 놀랍게도 호구 그룹이다. 성공의 사다리 정점에 있는 호구와 가장 아래에 있는 호구에게는 공통점이 있으나 조금의 차이가 있다. 사다리의 정점에 있는 그룹은 호구가 아닌 기버 그룹이라고 칭한다. 기버 그룹은 호구처럼 늘 베풀지만 테이커에게 당하고만 살지 않는다. 호구 그룹은 남에게 피해를 주는 그룹에게 당하며 이를 계속 반복한다면, 기버 그룹은 피해를 준 사람들을 반드시 응징하고 다시는 똑같은 상황을 반복하지 않는다. 즉, 호구 그룹과 기버 그룹의 가장 큰 차이점은 본인에게 피해를 주는 테이커에게 계속 당하느냐 아니냐에 있다. 기버 그룹은 타인을 도와주지만 도와줄 가치가 있는 그룹에게만 베푸는 그룹이다.

이 영상을 접하던 시기는 2018년도로 약 5년간 스튜디오를 운영한 후였다. 이때 나는 사람들에게 무분별하게 에너지를 쏟고 있었다. 인연이라는 이유로, 직원이라는 이유로, 가족이라는 이유로 다 잘되게 하고 성장시키고 싶은 마음에 온 힘을 쏟았다. 그러나 받기만 하고 고마움을 모르는 사람들, 하나를 받으면 두 개를 받으려고 하는 테이커들 속에서 서서히 지쳐가고 있었다. 그런 나에게 이 영상은 큰 도움이 되었고, 이에 대한 TED 강연을 추가로 살펴보면서 나는 이것이 논문으로 발표된 근거 있는 결과임을 확인했다. 그래서 이 개념을 나의 사업장에 접목시킬 수 없을지 고민했다.

나는 호구와 기버에 대해 공부하면서 절실히 깨달았다. 가치가 있는 것에만 에너지를 쏟아야 하는 것을 말이다. 그리고 더 중요한 것은 누군가의 삶에 개입하려는 것은 큰 오만이라는 것도 깨달았다. 내가 바꿀 수 있는 일이 아닌데 주제넘게 개입해서 서로 힘든 상황을 반복하고 있었던 것이다.

이후 나는 감사를 아는 사람, 기브 앤 테이크가 명확한 사람, 계산이 정확한 사람, 트리니티를 진심으로 사랑하는 사람, 일을 잘하는 사람 등 그럴 만한 가치가 있는 사람들에게만 도움을 주었고, 그렇지 못한 테이커 성향을 가진 인맥을 서서히 정리했다. 그러자 삶에 대한 에너지 낭비가 현저히 줄어들었고 삶에 있어 골치 아픈 일들도 줄어들게 되었다. 내 주변에서 테이커들이 줄어들고 기버 성향의 사람들이 늘어나자 직장 내의 에너지는 물론이거니와 나를 둘러싼 삶의 에너지가 점차 바뀌었다. 더 긍정적이고 덜 지치는 방향으로.

그리고 타인에 대한 개입을 줄여나갔다. 그들이 스스로 방법을 찾고 최적화될 수 있도록 기다리는 것을 선택했다. 이는 사업의 성장에 깊게 영향을 미쳤으며 나의 정신 건강에도 큰 도움이 되었다.

똑똑한 기버가 돼서 사람들에게 도움을 주고 좋은 영향력을 가진 사람이 되면서도 성공 사다리의 꼭대기에 오를 수 있는 방법을 정리하면 다음과 같다.

- 하루에 10분, 누군가의 삶에 도움이 되는 선택을 한다. 지금 당신이 도와준 사람의 현재의 모습은 그 사람의 전부가 아니다. 그 사람의 미래는 무궁무진한 성장으로 이어질 것이다. 미래에 그 사람들이 언제 어디서 당신에게 어떤 영향을 줄지는 예측할 수 없지만 누군가에게 도움이 된다면 당신의 삶에 크고 작은 축복으로 되돌아올 것이다.

- 누군가 당신의 도움을 받고 나서 그 고마움을 모르거나 오히려 역행하는 행동을 한다면 반드시 그 사람을 멀리해라.

- 사람을 보는 안목을 가져라. 가치가 있는 사람에게 시간을 쏟는 것이 현명하다. 사람을 잘 볼 수 있는 방법은 평소 그 사람의 행동을 자세히 관찰하고 가장 어리고 힘없는 막내에게 대하는 태도를 지켜보는 것이다.

- 누군가 나에게 친절을 베풀어 도움을 받았다면 그것을 반드시 기억하고 나의 방식으로 보답하고 고마움을 표시한다.
- 필요할 때만 사람들에게 연락하지 마라. 한 번은 통할 수 있겠지만 그 행위가 반복되면 당신은 수신 거부 대상이 될 것이다.
- 누군가를 도와준다는 것이 희생이 아닌 자기 자신을 위한 일이며 그것이 모이고 쌓여서 성공이 된다는 것을 잊지 말자.

~~~~~~~~~~~~~~~

스튜디오 사람들 중에도 기버 그룹이 늘어나자 뚜렷한 성과와 실질적인 이득이 생산되었다. 아무런 대가 없이 후배를 도와주고 동료를 도와주는 기버 그룹의 강사들은 그렇지 않은 강사들보다 수입이 현저히 높았다. 이는 고객들이 그 강사를 찾고 다시 찾는다는 반증이며, 그들이 그럴 만한 가치가 있는 사람들을 도와주었다는 뜻이다.

나 또한 인맥을 정리하고 에너지를 절약한 결과 매출은 늘고 건강도 개선되었으며 가족과 있는 시간을 더 많이 확보할 수 있었다.

휴머니즘을
강조하는 이유

나도 과거에는 늘 화를 내고 핀잔을 주던 부족한 대표였다. 아무리 강경하게 대처해도 강사들의 행동은 변화되지 않았고, 같은 실수가 반복되었으며, 오히려 강사들과 벽이 생기며 사이가 멀어지는 악순환이 반복되었다. 그러던 중 경영자 모임에서 인문학 강연을 듣게 되었다. 세리CEO(삼성연구소)에서 다년간 강연하며 인문학에 대한 강연을 하는 꽤 유명한 강사님의 강연이었다. 그 강연에서 가장 인상 깊었던 것은 미켈란젤로의 다비드상, 파르테논 신전에 대한 스토리였다.

다비드상은 5미터가 넘는 거대한 조각상이다. 관람객들은 다비드상을 관람할 때 당연히 아래서 위로 올려다보게 된다. 우리가 볼 때는 다비드상이 옅은 미소를 짓고 있다. 하지만 제작한 작가의 높이에서는 우리가 보는 표정과 다르다고 한다. 작가는 관람객이 보는 관점에서 다비드상이 미소를 짓는 모습으로 보이게 하고자 노력한 것이다. 파르테논 신전도 마찬가지다. 우리가 보았을 때는 기둥들이 곧게 세워진 것 같지만 그렇게 곧은 기둥들로 보이게 하기 위해서 각 기둥의 굵기와 휘어짐이 치밀하게 계산되었다.

미술에 대한 조예가 그리 깊지 않은 나로서도 쉽게 알 수 있었던 것은, 작가들이 작품을 만들 때 자기에게 보이는 관점이 아닌 관람객이 보는 관점으로 작품을 만들었다는 점이다. 상대방이 보는 관점, 그 관점을 존중하고 배려하는 것이 인문학적 관점이라 할 수 있다.

여기서 트리니티가 나아갈 방향에 대한 해답을 찾게 되었다. 바로 휴머니즘이다. 휴머니즘이란 거창한 것이 아니다. 보통 착하게 행동하는 걸 휴머니즘이라 착각하는데 그게 아니라 타인과 입장을 바꾸어 생각해보는 것이 휴머니즘이다. '나'의 관점이 아닌 '너'의 관점으로 생각하고 질문하는 태도라고 보면 된다.

인문학적 관점에 대한 강연을 듣고 계속되는 질문에 답하기 위해 관련된 책들을 읽어나가며 나는 좋은 스승들을 만났다. 그렇게 나 또한 인문학적인 생각을 하게 되었고 그 이후로는 강사들이 고객에게 실수하는 부분에 있어서 그들을 타박하거나 주의를 주는 방식보다 입장을 바꾸어 생각하게 하는 질문을 계속 던지는 방식으로 변화를 꾀했다.

"고객과의 일 때문에 마음고생이 많았죠? 그 일에 대해서 고객의 입장은 충분히 들었는데 선생님의 입장과 생각도 들어보고 싶어요. 당시를 떠올리면서 그땐 마음의 여유가 없어서 미처 깨닫지 못했던 부분이 있었는지 생각해봐요. 선생님이 느낀 고객의 마음은 어땠나요? 지금까지 선생님은 다소 과격한 고객도 잘 대처해온 현명한 분이니까 앞으로 보완할 것에 대해 같이 생각해봐요. 사과할 게 있다고 생각되면 사과하고 사과를 받아야 한다고 생각되면 사과를 받아봅시다."

그러자 강사들은 입장을 바꾸어 생각하다가 스스로 깨달음을 얻고 고객에게 사과하거나 다른 좋은 방법들을 스스로 찾아냈다. 결국 답을 찾는 것은 자기 자신이어야 하고 그 답을 찾는 과정에 있어서 분노나 짜증보다는 생각하고 대화하고 스스로 깨닫는 것이 훨씬 좋은 해결 방법이었던 것이다. 물론 이런 변화들은 하루아침에 이루어지지 않는다. 사람을 성장시키고 변화하게 하고 더 나아가 문화를 만드는 일은 순식간에 이루어지지 않는다. 아주 오랜 시간 해내고자 하는 마음과 의도를 가지고 하루하루 성실하게 살아나가면 언젠가 나도 모르게 이루어지는 일이다.

사람은 누구나 이기적이다. 남보다는 나 자신을 먼저 생각하는 것이 당연한 일일지도 모른다.

나 자신도 마찬가지이다. 어릴 때 너무 이기적이어서 남동생이 붙여준 별명이 '이기자'였다. 내 남동생은 이기주의자라는 단어의 발음이 잘 안 돼서 날 '이기자, 이기자'라고 불렀다. 그 정도로 난 어릴 때부터 많이 이기적인 사람이었다. 그러나 휴머니즘을 공부하면서 깨달은 사실은 휴머니즘적인 사고란 나 자신을 포기하고 남을 배려한다는 의미는 아니라는 것이다. 그보다는 타인의 관점에서 바라보고 생각하고 이해함으로써 내 마음의 평온을 찾는 것에 더 가깝다.

갑자기 나에게 화를 낸 사람, 길에서 내 어깨를 툭 치고 지나간 누군가, 약속한 시간에 30분을 늦고도 아무런 연락이 없는 누군가 등 여러 가지 상황들 때문에 마음의 평온이 흔들릴 때가 많다. 단순히 상황만을 생각한다면 어떻게 그들이 나한테 이럴 수 있는지 화가 나고 짜증 날 수 있다. 하지만 이런 감정을 쥐고 있으면 나 자신의 정신적·육체적 건강만 망칠 뿐이다. 왜 그 사람들이 그렇게 할 수밖에 없었는지 조금만 입장을 바꾸어 생각해본다면 나의 마음에 놀라운 평온이 찾아온다. 결국 입장 바꾸어 생각하는 것은 타인을 위해서가 아니라 나 자신을 위한 일이다.

조직원들이 이렇게 휴머니즘을 실천할 수 있다면 그 조직의 에너지는 무척이나 평온하고도 긍정적일 것이다. 스튜디오의 분위기는 인테리어가 결정하는 것이 아니다. 그 안에 존재하는 사람들의 기운으로 완성된다.

누구 한 명이라도 먼저 시작하면 된다. 단 한 명이라도 입장 바꾸어 생각하기를 기쁜 마음으로 실천한다면 다른 사람에게도 기쁜 마음으로 전파되어 그 스튜디오를 환하게 물들여줄 것이다. 지금 당장 시작해보자. 미켈란젤로처럼.

5장

공감

"어떻게
고객을 지킬까?"

레슨이 종료된 고객을
다시 돌아오게 하는 법

우리는 레슨이 종료된 고객에게도 정성을 쏟는다. 레슨이 종료되어 스튜디오를 그만둔 고객들은 출석부에서 지워져야 정상이지만 우리 스튜디오의 출석부에는 그들의 이름이 사라지지 않는다. 레슨이 종료된 고객들은 다음 달과 그다음 달 출석부에도 남아 있다. 이렇게 보이는 곳에 남아 있어야 관리하게 되기 때문이다. 눈에서 멀어지면 마음에서도 멀어진다는 진리를 알기에 우리는 고객의 레슨이 종료된 다음에도 최소 3개월에서 6개월까지는 안부를 전하고 고객들을 챙기려고 노력한다.

그 때문인지 우리 스튜디오에는 레슨이 종료된 지 한참 후에 다시 찾아와주는 컴백 고객이 유독 많다. 유학을 갔다가 돌아오자마자 오기도 하고, 다른 스튜디오로 옮겼다가도 후회하면서 다시 돌아오기도 하고, 다른 운동을 하다가도 돌아오기도 하고, 이사했다가도, 이직했다가도 몇 달 혹은 몇 년 후에 돌아오는 경우가 꽤 있다.

내가 대표가 된 후, 우리 스튜디오는 고객의 초기 상담을 위한 문진표부터 관리자들이 매일매일 상황을 정리하고 공유하는 데일리 업무일지, 고객의 출결을 관리하는 출석부, 고객의 매회 레슨에 대한 내용을 기록하는 레슨 차트 등을 7년 동안 거의 100번을 넘게 수정했다. 처음 5년은 매달 바뀌었다고 해도 과언이 아니다. 매달 바뀌는 출석부 때문에 퇴사하는 강사가 있을 정도로 그렇게 지독하게 수정하고 또 수정했다.

고객에 대한 정보들을 포스트잇에 메모했었던 스튜디오의 처음 모습에서 고객의 처음 경험부터 마지막 경험, 그리고 그 이후의 고객 여정까지 정리하고 수정하고 최적화시키는 것에 상당히 많은 시간을 투자했다. 딱 한 줄이라도 고객을 지키는 데 필요한 것이라고 판단되면 계속 추가하고 정리했다. 그러다 보니 홀딩 고객과 엔딩 고객, 이동 고객, 대기 고객에 대한 관리 장표부터, 초기 상담 고객 정보 수집 툴, 레슨 내용과 컨디션을 기재하는 사인지 등이 추가되고 수정되었다.

그 결과는 기대 이상이었다. 2014년도부터 2022년 9월까지 기준으로 약 600%의 매출 성장을 이루었고, 기존 구매와 신규 구매의 비율이 8:2로 유지된 것이다. 대면서비스업에서 이루어내기 힘든 성과다. 매출이 성장한 수치보다 더 강조하고 싶은 수치는 기존 구매와 신규 구매의 비율이다. 대면서비스업을 운영하는 대표들을 만나서 우리의 수치를 말씀드리면 모두 믿기 힘들다는 표정을 짓는다. 이름만 들어도 알 만한 유명한 업체도 기존 고객의 재구매율이 60%가 되기 힘들기 때문이다.

또한 동종 업계 스튜디오의 일반적인 비율은 기존 구매와 신규 구매의 비율이 3:7 정도로 우리와 정반대의 구조다. 결국 보통의 스튜디오는 신규 이벤트 및 홍보, 가격 할인 이벤트를 통해서 매달 신규 고객 유치를 위해 거의 모든 에너지를 쏟는다고 해도 과언이 아닌 것이다.

우리가 한 일은 딱 한 가지밖에 없었다. 고객을 지키기로 서로 결심하고 모든 에너지를 그것에 집중한 것, 그것뿐이다. 지금은 그 에너지가 프로세스화 되어 다음과 같이 정리되었다.

• 초기 상담(대면, 전화) 시에 최대한 많은 정보를 확보하고 고객에게 맞는 프로세스를 추천한다. 고객에게 영업하지 않는다. 영업은 당장 매출을 올릴 수는 있지만 그것은 고객을 지키는 일이 아니기 때문이다. 이때 맺어진 신뢰는 나중에 반드시 빛을 발한다.

- 상담을 마치고 나면 고객에게 체험을 권장한다. 바로 등록을 유도하면 모든 프로세스가 생략되어 비용과 시간이 절약되지만 그렇게 되면 고객이 선택할 수 있는 시간과 기회를 주지 않는 격이 된다. 고객은 체험을 하고 운동과 강사에 대해 판단할 시간을 갖는다. 불만족스러울 때는 조금 더 할인된 가격으로 재체험을 할 수 있고, 체험 후 등록하지 않는 경우에도 고객이 원했던 운동 정보나 스튜디오의 이벤트 소식을 전하며 계속 인연을 유지하는 것이 핵심이다.

- 체험 후 등록을 하게 되면 이제부터는 담당 강사의 실력과 고객 서비스 능력에 많은 부분을 위탁한다. 담당 강사들이 각자의 고객을 잘 지켜낼 수 있도록 트리니티 문화 철학 교육, 고객 서비스를 기반으로 한 행정 교육, 필라테스 매뉴얼 숙지 및 고객 서비스 트레이닝, 특수 질환자를 위한 리햅 교육 등 내부 역량 강화 교육을 진행한다.

여기서 중요한 사실 한 가지는 이 모든 것들은 오늘부터, 갑자기, 당장 이루어지는 게 아니라는 것이다. 계속 반복하지만 지름길도 없고 묘수도 없다. 매일 꾸준하게 그 마음을 가지고 성실하게 살아가는 것 단지 그뿐이다.

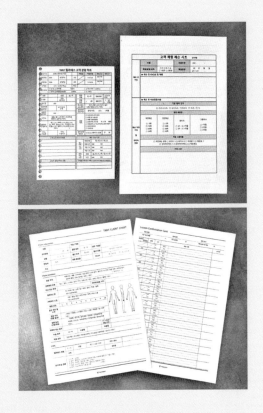

**트리니티의 상담 차트, 체험 고객 레슨 시트,
회원 등록 차트, 레슨 시트**

상담부터 체험, 회원 등록, 실제 레슨에 이르기까지 해당 고객의 많은 정보를
소중히 다루고 고객의 작은 변화도 놓치지 않으려 몇 번이고 수정한 시트들이다.
이제는 어느 누가 봐도 한눈에 해당 고객을 파악할 수 있을 만큼 체계를 잡았다.
이를 통해 한번 우리 고객이 된 사람을 절대 놓치지 않는 힘을 길렀다.

"지금 그 고객의 심정은 어떨까요?"

날씨가 화창한 토요일이었다. 여느 때처럼 업무를 보고 있는데 갑자기 한 강사가 얼굴이 하얗게 질려서 사무실로 들어왔다.

"원장님, 어떡하죠? 규정대로 했을 뿐인데 고객이 너무 많이 화나서 어떻게 해야 할지 모르겠어요."

일단 강사를 진정시키고 차근차근 이야기를 들어보았다. 몇 달 전 고객이 결혼을 앞두고 웨딩 관리 필라테스를 하기 위해서 개인 레슨을 등록했다. 결혼식에서 입을 드레스는 목과 어깨, 쇄골 라인이 예뻐야 했기에 고객은 이를 위해 주 2회 이상 아주 열심히 운동했다. 결혼식을 딱 일주일 남긴 토요일 오전도 어김없이 레슨을 받으러 오는 길이었는데 그만 계단에서 넘어져 발을 접질리고 말았다. 병원에서는 골절이라고 했다. 고객은 그날 예약

된 레슨을 못 오게 되었고 강사는 규정대로 당일 취소를 해야 한다고 안내했다. 그러자 고객이 울면서 화를 내며 노발대발했다.

상황을 듣고 난 후 강사에게 물었다.

"결혼식을 일주일 앞두고 발목을 다쳐서 깁스를 하게 되었네요. 어쩌면 결혼식에 절뚝거리거나 목발을 짚으면서 입장하게 될지도 모르고요. 지금 그 고객의 심정은 어떨까요?"

나는 강사에게 상대방의 입장이 되어 생각해볼 수 있는 질문을 계속 던졌고, 그녀는 질문에 답변하더니 불현듯이 벌떡 일어섰다.

"앗! 제가 큰 실수를 한 것 같아요. 불난 집에 부채질을 심하게 해버렸네요. 지금 당장 고객님께 전화 다시 드리고 올게요."

그러더니 밖으로 뛰어나갔다. 그제야 나는 한시름 놓았다.

가끔 직원이 실수하면 그 일에 대해서 심하게 질책하는 대표들이 종종 있다. 과거의 나도 그랬었고 나와 비슷한 처지에 있는 수많은 대표들도 직원의 행동에 순간의 답답함을 참지 못하고 화를 낸 적이 있을 것이다. 그러나 누구나 알고 있겠지만 화를 낸다는 것은 좋은 선택이 아니다.

대표가 화를 내고 나면 직원의 감정이 먼저 상해버리기 때문에 본인의 실수가 무엇인지, 어떤 부분을 수정해야 하는지 생각하기보다는 상처받은 감정에만 집중하여 그것만으로도 충분히 실수에 대한 대가를 치렀다고 생각한다. 그러면 감정은 이미 상했고, 행동 수정은 이루어지지 않고, 무엇을 실수했는지 알아채지 못하고 같은 실수를 또 하는 유감스러운 상황이 반복될 수 있다.

한 사업장을 대표하는 사람이라면 급격히 차오르는 분노에도 잠시 진정할 줄 알아야 한다. 그리고 직원이 처한 상황부터 충분히 공감해주고 고객과 입장을 바꾸어 생각할 수 있는 길을 열어줘야 한다. 답은 직원 스스로가 찾게 하는 것이다.

직원을 지켜야
고객도 지킨다

처음엔 고객이 전부였다. 고객이 소중해서 그 어떤 것도 눈에 들어오지 않았다. 고객을 만족시키고 고객이 원하는 것이면 무엇이든 들어주고 싶었다. 그러나 그런 나의 생각이 함께 일하는 강사들과 직원들에게 고통이 될 수 있다는 것을 그때는 알지 못했다.

대면서비스를 하다 보면 하루에도 수많은 고객을 만나게 되고 크고 작은 사건들이 일어나곤 한다. 가끔은 자신의 모든 스트레스를 강사를 통해 해소하려는 사람들이 있는가 하면 항상 습관처럼 지각하거나 당일 노쇼No-show를 하고서도 아무런 배려 혹은 미안함이 없는 고객들도 있다. 비속어나 반말을 쓰면서 강사를 무시하거나 상처 주는 행동을 하는 고객도 있고, 아주 가끔은 강사에게 작업을 걸거나 성희롱을 하는 고객도 종종 있다. 본인이 결석해놓고 무조건 봐달라고 생떼를 쓰기도 하고, 계속 가격을 깎거나, 강사에게 몰래 레슨을 무료로 해달라고 조르는 분들도 있다. 집 이사를 하다가 허리를 다치고서는 운동을 하다 다쳤다면서 손해배상 청구를 하기도 하고, 운동 효과가 없었다며 그간 운동했던 비용을 모두 환불해달라는 황당한 고객을 만나기도 한다.

물론 이런 케이스의 고객보다는 매너도 좋고 만나기만 해도 기분 좋아지는 고객이 훨씬 더 많지만 말이다. 10년간 이 업에 종사하면서 수많은 고객들의 케이스를 직간접적으로 경험해왔다.

사업을 처음 시작했을 땐, 말도 안 되는 요구까지도 다 만족시켜드리고 싶은 마음이었다. 그러나 그런 나의 마음은 강사들에게 상처를 주기도 했다. 고객 때문에 상처받고 마음 아파하는 강사들의 마음에 온전히 공감하고 귀 기울이지 못했다.

"고객이니까 그냥 이해해요."
"우리가 넘어가줘요."
"왜 이 정도 일도 견디질 못하고 힘들어하죠?"

나의 섣부른 몰아붙임에 상처받은 직원들은 울기도 했다.

내가 과거에 왜 이렇게 냉정했을까를 돌아보았다. 왜 나는 강사들의 고통에 공감하지 못하고 고객 편에만 서서 우리 팀을 몰아세웠을까? 과거의 난 연극반 출신이었고 무대 배우였다. 그곳은 관대함이 없는 사회였다.

한 사람이 한 작은 실수로 전체 팀원이 학대 수준의 기합을 받는 게 당연지사였다. 관객을 위해 우리의 인격은 언제나 무시당해도 되는 상황이었다. 아파도, 부모님이 돌아가셔도 쇼는 계속 진행돼야 했고 우리의 사정은 중요하지 않았다. 어쩌다 무리해서 감기라도 걸리면 팀원들에게 피해를 준다고 호되게 혼나야 했고, 1분이라도 지각을 하면 전체 기합을 받기도 했다. 선배한테 말 한마디 대꾸했다가 모두가 운동장을 100바퀴를 뛰는 일도 비일비재했다. 그저 선배가 기분 나쁘다는 이유로 각목으로 맞기도 했다. 술자리에서는 선배가 일어날 때까지 아무도 집에 가지 못했다. 때로는 선배가 여자 후배들에게 부적절한 발언과 행동을 해도 반박하지 못했다.

그렇게 무조건 견디고 인내해야 좋은 배우가 된다고 배웠다. 자칫 '라떼는 말이야'가 될 수는 있겠지만 그 당시의 무대 배우들은 부조리하고 말도 안 되는 상황 속에서 무대에 오르기 위해 많은 것들을 견뎌야 했다. 그 모든 고통은 좋은 무대를 만들기 위해서라고, 그렇게 정신을 단련시켜야 좋은 배우가 된다고 강요받았다. 일종의 가스라이팅이었을까? 지금은 무대 뒤의 문화가 많이 바뀌었다고 들었다.

그렇게 오랜 시간 살아왔던 나는 사업을 시작한 후 고객이 우리를 위해 존재하는데 이 정도는 이해하고 이 정도의 어려움은 극복해야 한다고 생각했었나 보다. 그러나 모든 사람의 생각이 나와 같을 수 없음을 그때는 몰랐다. 강하게 혹독하게 살아왔다는 것은 나 자신의 어려움을 헤쳐나가는 데는 도움이 될 수 있을지 모르지만 그 잣대를 타인에게 들이대는 순간 그 사람과 나 사이엔 단단한 벽이 생긴다. 그땐 참 어리석게도 그것을 몰랐고 우리 팀의 나약함을 한탄하고 있었다.

한참의 시간이 흐른 후 강사들이 나에게 이렇게 말하곤 했다.

"원장님, 저 그때 참 많이 서운했었어요… 그때 고객님하고 안 좋은 일 있었을 때 제 마음은 몰라주시고 고객님 편에만 서시니까 그만두고 싶었어요."
"원장님은 고객만 중요하고 우리는 중요하게 생각하지 않는 것 같았어요."

그런 말을 들을 때마다 쥐구멍에라도 들어가고 싶은 심정이다. 너무 미안하기도 하고 창피하기도 하다. 그러나 시간이 흘러 너무나 당연하고도 기본적인 진리를 깨닫게 되었다. 부모가 행복해야 아이가 행복하고, 직원이 행복해야 고객도 행복하다는 것을 말이다. 내부 고객(직원)들이 건강하고 행복하고 존중받아야 외부 고객도 행복할 수 있다는 것을 깨달은 후, 나는 많이 바뀌었다.

한번은 이런 일이 있었다. 처음 방문 때부터 이상 기미를 보이는 고객이었다. 처음 보는 상담사에게 반말을 하고 강사들에게 손가락질을 하면서 '쟤는 몇 년 되었어요?', '쟤는 잘하나요?'라며 무례한 태도를 보였다. 레슨이 시작되고서도 강사에게 반말하는 것은 물론이고 끊임없는 자기 자랑에 하루의 스트레스를 엄한 강사에게 쏟아부었다. 시간 안 지키는 건 애교고 강사 배려 없이 자기 중심적인 스케줄 변경도 자주 해댔다. 같은 관에서 레슨 중인 다른 고객이 다 들을 정도로 욕설을 내뱉는 일도 부지기수였다.

참고 참던 담당 강사가 백기를 들기에 이르렀다. 나는 그 즉시 고객을 조용히 찾아갔다.

"고객님, 지금까지 고객님이 강사님들께 보여주신 행동

은 너무 상처가 되었어요. 솔직히 무례한 행동에 저희들도 더 이상은 레슨을 이어가기 어렵습니다. 죄송하지만, 레슨비를 환불해드릴 테니 등록을 취소해주세요."

당연히 고객은 노발대발했다. 내 돈 내고 받는 레슨인데 서비스가 이따위냐는 투였다. 그다음부터는 나도 조금 더 강경하게 나갔다. 그동안 그 고객이 쓴 비속어, 욕에 대해 언급하며 감정노동자에 대한 보호법에 의거하여 고발을 할 수도 있으니 신고하기 전에 하루빨리 그만두어달라고 정중히 말했다. 나의 태도가 매우 단호했고 본인이 한 행동을 분명히 스스로도 알고 있었기에, 고객은 바로 알겠다며 짧은 사과를 남기고 그날로 그만두었다.

담당 강사는 내가 진상 고객의 편을 드는 대신, 그간 고객으로부터 무례한 취급을 당했음에도 꿋꿋이 레슨을 이어가려 노력한 자신을 이해해주었다는 점에 진심으로 고마움을 표현했다. 이 강사는 현재 스튜디오의 하이퍼포머로 최고의 성과를 내고 있다.

그 후에도 무례한 태도와 말로 강사에게 심각한 모욕감을 주거나 비정상적인 스트레스를 주는 고객은 정중히 그만두어달라고 부탁하고 있다. 이때 되도록 팩트 위주로 소통하되 정중함을 잃지 않으려 노력한다. 찾아와준 고객을 먼저 내보내는 일이기에 매우 신중해야 하기 때문이다. 그래서 이러한 이별에는 서로 납득할 수 있는 원인이 있어야 하고 불필요한 감정 낭비는 철저히 배제되어야 한다. 그리고 최선을 다해 고객의 행동이 우리에게 주는 어려움을 진솔하게 말씀드린다.

지금 떠나간 고객도 다시 오게 해야 될 판인데, 사장이 고객을 그만두게 한다니 제정신이냐고 할 사람들도 있을 것이다. 장사가 잘되니 배가 불러서 그렇다고 손가락질할지도 모른다.

물론 예전의 나였다면 그런 고객도 이해하자고 강사들을 다그쳤을 것이다. 그러나 이제는 생각이 달라졌다. 아무리 고객이어도 아무런 이유와 명분 없이 강사들과 직원들을 모욕하는 것을 용납할 수 없다. 우리 강사들은 누군가의 귀한 딸들이고 나에게도 귀한 사람들이다. 합당한 요구와 레슨의 완성도를 위해서는 후회 없는 노력을 할 테지만 고객의 이유를 납득할 수 없는 잘못된 태도가 우리 강사들에게 상처가 된다면 난 그 고객을 정중히 거절할 것이다. 그 거절이 당분간의 매출 손실을 가져오더라도 기꺼이.

장사가 잘되어 배가 불러서도 아니고 고객이 소중하지 않아서도 아니다. 우린 그 어느 팀보다도 고객을 소중히 여기는 팀이라는 것에 한 점 부끄럼이 없다. 그러나 내 소중한 강사들을 지켜야 그들이 우리의 소중한 고객들을 지킨다. 강사들에게 보이지 않는 칼을 휘두르는 사람들로부터 강사를 보호해야 소중한 진짜 고객들을 지켜내는 것이 가능해지기 때문이다.

참 아이러니하게도 내가 몇 명의 고객을 강경하게 거절하고 환불하게 하고 나니 강사들이 예전보다 인내심이 많아졌다. 혹시나 내가 또 고객을 거절할까 봐 걱정이 되는지 그 고객과의 문제를 해결할 수 있는 방법을 찾기도 한다. 명상을 해보기도 하고, 사람의 마음에 대해 공부하기도 하고, 강사들끼리 서로 상의해서 문제 해결을 모색하고 고민 상담을 하는 모습을 종종 발견하곤 한다. 참 신기하다. 난 그저 강사를 지키고자 했을 뿐인데 예전에 고객 때문에 힘들어하며 나약한 모습을 보였던 강사들이 더 단단해지고, 어려운 고객들을 해결할 힘을 갖기 위해 공부하고 노력하는 것이다.

어떻게 이렇게 많은 것들이 변하게 되었을까? 강해지라고 호되게 했을 때는 오히려 서로의 갈등이 깊어졌는데 내가 공감해주고 이해해주고 보호해주니 오히려 강사들이 더 강해진다. 공감과 사랑, 진심으로 아끼는 마음만큼 좋은 약은 없다는 말이 맞나 보다.

만약에 사장이라면 직원들이 고객들과 함께하면서 견디기 힘겨울 만큼 어려운 상황이 생길 때는 무조건 직원들에게 이렇게 말해주길 바란다.

"나는 무조건 우리 직원들이 우선이에요. 그대들이 먼저이니 아무것도 걱정하지 마세요. 모든 책임은 내가 질게요."

화가 난 고객과도
돈독해질 수 있다

─────

　대면서비스업을 하면 필히 고객과 갈등을 겪게 된다. 우리도 사람이기 때문에 어쩔 수 없이 실수를 하게 되고 그 실수로 고객이 화가 많이 나는 위기의 순간이 오곤 한다. 그 아찔했던 위기의 순간은 수도 없이 겪어왔고 앞으로도 겪게 될 일일 것이다.

　지금까지 스튜디오를 운영하면서 아찔했던 순간들이 참 많았지만 그중에서도 가장 아찔했던 순간은 고객이 부상을 당했을 때다. 모든 안전 수칙을 잘 지킨다고 해도 불가피하게 고객이 다치는 순간들이 있다. 대개는 고객의 부주의 혹은 고객의 집중이 흐트러졌을 때 그런 일들이 종종 발생한다.

　고객이 다치면 강사도 놀란다. 그렇게 우왕좌왕하다가 골든타임을 놓치면 안 되기 때문에 우리는 고객이 다치면 주변에 있는 모두가 하던 일을 멈추고 침착하게 응급처치에 집중한다. 급성염좌 및 타박상일 경우 응급처치 룰에 따라 처치를 하고 신속히

119 혹은 택시를 부른다. 고객을 집으로 혹은 병원으로 보낼 때 혼자 보내지 않고 반드시 책임자가 동승해서 치료를 마칠 때까지 기다렸다가 집 앞까지 안전하게 데려다주는 게 우리의 약속이다.

고객은 본인의 실수로 다쳤다 하더라도 이 과정에서 여러 가지 상황들로 안 좋은 감정이 생길 수 있다. 없는 말까지 지어내어 스튜디오에게 무리한 요구를 하는 경우도 생긴다. 그러나 고객의 실수로 다쳤다 하더라도, 우리는 성심을 다해서 케어하는 게 옳다고 생각한다. 고객의 회복을 위해 최선을 다해야 하는 건 당연한 일이기도 하고, 고객이 돌아서서 행여나 우리에게 안 좋은 마음을 갖는 것을 방지할 수 있기 때문이다.

더 나아가 우리가 최선을 다해 케어하는 모습을 보고 고객은 더 깊은 신뢰를 느끼며 우리와 우정도 나누게 된다. 보통 스튜디오 혹은 강사의 실책으로 고객이 다치는 경우는 흔치 않다. 강사 교육 과정에서 고객의 안전을 위한 교육을 엄격하게 이수하기도 하고, 스튜디오에 입사한 뒤에도 안전에 대한 교육을 계속 진행하기 때문이다. 그럼에도 불구하고 사소한 고객 부주의로 고객이 부상당하는 경우가 드물지만 존재한다.

그날도 그랬다. 전화 한 통이 걸려왔다. 고객이 부상당했다는 연락이었다. 다행히 내가 스튜디오 근처에 있어서 현장에 금방 도착할 수 있었다. 응급처치도 재빠르게 이루어졌다. 고객은 본인 잘못이라 민망했는지 집으로 바로 귀가하기를 원했다. 하지만 그렇게 귀가시킬 수는 없어서 바로 병원으로 데려가 엑스레이를 찍고 치료 조치를 취했다. 집까지 안전하게 데려다준 후에도 계속 모니터링하면서 고객을 케어했다. 고객은 스튜디오의 실책이 아닌데도 지속적으로 케어해주는 우리의 모습에 고마워했다. 더 나아가 깊은 신뢰를 갖게 되었다. 그 후 이 고객과는 레슨이 종료된 뒤에도 친구처럼 종종 연락하며 서로 필요한 부분, 나누고 싶은 부분을 소통하면서 도움을 주고받는 관계를 이어가고 있다.

우리의 잘못이 아니더라도 차후 생겨나는 치료 혹은 재활 운동에 대해서 지속적으로 케어하고 최선을 다해서 도의를 다하는 이유는 사람의 마음은 작은 것에 감동받기도 하고 작은 것에 서운해지기 때문이다. 이 작은 위기를 통해 감동을 드리고 신뢰를 드려 더 단단한 사이가 되면 좋지 않을까?

사과에는
진심과 타이밍이 중요하다

스튜디오를 운영한 지 얼마 안 된 초보 사장일 때 일이다. 고객 중에 같은 건물에 있는 미용실 부원장님이 계셨다. 20년도 넘게 미용업에 종사하셨기 때문에 서비스업에 대한 엄격한 기준이 있는 분이었다. 서비스업에서 오랜 종사한 대선배 같은 분이 고객으로 오니 나도 담당 강사도 적잖이 긴장을 하고 있던 터였다.

그런데 레슨을 진행하는 도중, 다른 선배 강사가 이분의 담당 강사에게 배려 없이 행동하는 모습을 목격하고 부원장님이 노발대발 화를 내셨다. 부원장님은 당시 담당 강사를 매우 신뢰하고 있었는데, 선배 강사가 자기 담당 강사에게 그것도 부원장님이 레슨을 받는 그 자리에서 무례한 행동을 한 것이 상당히 불쾌했던 것이다. 문제는 생각보다 크게 번졌다. 그분은 선배 강사에게 호통을 쳤고, 레슨을 중단하고 귀가했다. 난 그 상황을 뒤늦게 전달받았고 어떻게 해야 이 상황을 해결할 수 있을까 고민했다.

그때 상황을 전해 들은 남편이 나에게 이렇게 말했다.

"당장 가서 진심으로 사과드리자."

난 바로 미용실로 가서 허리를 숙이고 우리 강사의 무례함을 사과드렸다. 그분이 근무하는 미용실에는 고객도 많았고 동료 디자이너들도 있었지만, 그런 걸 불편해하지 않고 진심으로 사과하고자 하는 마음만 전했다. 해드릴 수 있는 최선의 성의도 보여드렸다.

"우리 스튜디오에서 일어난 모든 일은 우리에게 책임이 있습니다. 최선을 다해서 우리가 할 수 있는 일을 해보겠습니다."

더불어 무례했던 강사에게는 부드럽지만 따끔한 질책을 주었다.

"선생님의 고객만이 소중한 것이 아니에요. 여기에 방문해주신 고객 모두가 소중한 트리니티의 고객입니다. 앞으로는 내 고객이 아닌 다른 강사의 고객일지라도, 심지

어 그 고객이 방금 입사한 신입 강사의 고객이라 할지라
도 배려하고 존중해주세요. 선배는 후배에게 군림하고
후배를 막 대해도 되는 사람이 아니라 더 존중하고 더 배
려하고 더 양보해야 하는 사람입니다."

다행히 부원장님은 마음을 풀었고 그날 이후 다시 레슨을 받
으며 우리의 오랜 고객이 되었다. 나도 그날 이후로 머리를 하러
그 미용실에 자주 간다. 그러면서 부원장님과도 많이 친해졌다.
서로 얼굴을 붉혔던 게 무색할 만큼 많이 친해졌다. 부원장님은
미용실 고객들에게 우리 스튜디오를 참 많이 소개해주었다. 그뿐
아니라 내가 미처 파악할 수 없는 클레임들을 알려주어 고객을
미리 케어하고, 달래드리고, 위기를 극복할 수 있도록 도와준다.
　진심을 다한, 타이밍을 놓치지 않은 사과가 중요함을 깨닫게
해준 사건이다.

진심을 전하는 트리니티의 사과법

- 우선 그것이 우리의 실수이든 고객의 실수이든, 시시비비를 가리려 하지 않고 불편한 상황이 야기된 부분에 대해서 사과한다.

- 고객의 말을 경청한다. 어떤 어려움이 있었는지, 어떤 불쾌함이 있었는지 우선 듣고, 그다음 고객의 마음을 구두로 한 번 더 공감하면서 다시 한번 소통한다.

- 스튜디오에서 일어나는 모든 책임은 리더인 나의 잘못이며 강사의 실책 또한 리더인 나의 부족함에서 비롯되는 것이므로 이 부분도 진심으로 사과한다.

- 고객의 마음에 혹시나 여유가 있다면 왜 그런 상황이 발생했는지를 차근차근 정중하게 설명한다. 이때 자칫 변명이 되지 않도록 해야 한다.

- 고객이 충분히 납득했다면 고객이 원하는 부분 혹은 보상받아야 할 부분에 대해서 묻거나, 그 부분을 스튜디오가 제안한다. 이는 케이스별로 제안하는 내용은 달라지지만 합당한 기준에 의해서 진행한다.

- 무리되지 않는 선에서 스튜디오가 할 수 있는 도의적인 책임을 다한다. 그러나 상습적인 블랙 컨슈머일 경우에는 타협을 지양하고 강경하게 대응한다.

- 이 모든 상황에 대해서 해당 직원, 강사와 공유하고 우리가 앞으로 비슷한 상황에서 조금 더 나은 해결책을 만들 수 있을지 의견을 모은다. 모아진 의견을 정리해서 스튜디오의 매뉴얼로 만들어 모든 강사와 직원들이 숙지할 수 있도록 회의 혹은 공지를 한다.

서운한 마음에는
충분한 공감이 약이다

한번은 고객을 유치하기 위해 선물을 주는 이벤트를 열었다. 그런데 예상했던 것보다 이벤트에 참여한 인원이 적었다. 이후 우리는 더 좋은 조건의 선물을 제시하면서 이벤트를 업그레이드하기로 했다. 이것이 엄청난 패착임을 모르고.

당연히 똑같이 '등록하면 선물을 준다'는 이벤트인데 지난달에 등록한 고객보다 그다음 달에 등록한 고객의 선물이 더 좋으면, 지난달 등록한 고객이 서운할 수밖에 없다. 먼저 이벤트에 참여한 고객들은 단단히 화가 났다. 심지어는 배신감까지 느꼈다고 토로했다. 심각한 클레임에 우리는 어쩔 줄을 몰라했다.

나 역시 잠시 혼란스러워 고민을 많이 했다. 서운함을 느끼는 고객들 말이 모두 맞았다. 오히려 더 빨리 우리 이벤트에 참여해준 고객들에게 더 큰 혜택을 주는 게 옳았다. 고객 모으기에 조급해하다가 먼저 우리를 찾아준 고객을 충분히 배려하지 못했다.

"열 일 제쳐두고, 고객들에게 사과 전화부터 드리죠."

나는 서둘러 고객들의 화난 마음부터 달래드리고 충분히 서운할 수 있음을 공감하기로 했다. 그리고 진심으로 사과했다. 고객을 모으기 위해 조급했던 우리의 사정도 조심스레 말씀드렸다.

"마감은 다가오고 고객은 모아야 한다는 생각에 깊이 고민하지 않고 쉬운 길을 가려 했습니다. 짧은 생각으로 한 치 앞만 보고 결정을 내렸어요. 정말 죄송합니다."

진정성 있는 사과에 고객은 조금씩 우리를 이해해주기 시작했다. 어떤 고객과는 통화가 길어져서 이런저런 이야기를 깊이 나누게 되었고, 그 고객은 고객의 입장에서 만족할 수 있는 여러 가지 이벤트에 대한 조언을 해주었다. 그의 아이디어가 너무 좋아서 난 계속 질문을 했고 우리는 그날 무려 한 시간 가까이 통화를 하며 친구가 되었다. 그 후 그 고객은 다음 이벤트에 맞는 신규 고객을 5명이나 소개해주었다. 이후 이분은 경기도에 필라테스 스튜디오를 오픈했다. 나와는 오픈 이후 종종 연락을 주고받으면서 서로에게 도움이 될 수 있는 크고 작은 문제들을 상의하며 지금도 좋은 관계를 유지하고 있다. 기분이 나빠서 환불로 이어질 수 있을 법한 상황이었지만 솔직한 대화와 사과를 통해 고객이 우리의 팬이 되어주고 서로 돕는 사이가 된 것이다.

사업을 하면서 매일매일 크고 작은 위기를 만날 수밖에 없다. 고객과의 위기, 직원끼리의 내부 위기, 주변 상가 입점주들과의 이해관계로 인한 위기 등 위기는 여러 가지 얼굴로 예고 없이 찾아온다. 그럴 때마다 위기를 재앙이 아닌 기회로 만들려면 사장은 그 위기를 진심으로 대면해야 하고 고객의 마음에 진심으로 공감하고 사과해야 한다. 그렇게 고객의 마음의 문이 조금 열리면 나의 마음을 조금 내비치면서 나의 상황, 어려움, 고충도 살짝 털어놓을 수 있다.

나와 마음을 터놓고 이야기해본 고객들은 지금도 우리 스튜디오를 사랑해주고 있다. 그리고 분명 불만을 토로했던 그때에도 우리 스튜디오를 사랑하고 있었을 것이다. 사랑하지 않으면 불만도 없기 때문이다. 사랑하지 않고 관심과 애정이 없다면 조용히 다니다가 냉정하게 관두면 그만이다. 사랑이 있기에 관심도 있고 관심이 있어야 불만도 생긴다. 불만을 털어놓는 고객, 화를 내는 고객이야말로 정말 고마운 고객들임을 잊지 말아야 한다.

그만두겠다는
고객을 위한 노력

고객과 헤어져야 하는 순간들이 있다. 고객이 이사를 가거나, 유학을 가거나, 우리의 레슨과 서비스에 만족을 못 했거나, 하던 운동을 요가나 PT로 바꾸는 등등 그 이유는 여러 가지다. 만나는 순간만큼 중요한 것이 헤어지는 순간이다. 끝이 좋아야 모두 좋다는 속담도 있지 않은가? 그러나 이런 것들을 너무나 잘 알고 있으면서도 끝의 순간에 관계를 망쳐버리는 선택을 할 때가 있다.

카페나 학원, 옷 가게 등에 방문하면 그 상점에 있는 직원들은 고객을 반갑게 맞아준다. 그러나 고객이 쇼핑을 하거나 상담을 하다가 구매 의사가 없음을 내비치는 순간, 직원들의 안색이 굳어지고 싸늘해지기도 한다. 또한 제품이나 서비스를 종료하거나 환불하거나 교환할 때 처음 고객에게 보여준 태도와는 다른 불친절한 모습을 보이는 직원도 있다. 그때 고객은 이렇게 결심한다.

'다신 여기 오지 말아야지. 지금 그만두길 잘한 것 같아.'

나나 우리 팀원들도 고객으로서 이런 상황들을 경험하면서, 다른 무엇보다 노력하는 부분이 생겼다. 바로 마무리의 순간이다. 마무리의 순간이 싸늘하거나 불친절한 경험으로 남지 않도록 모두가 노력하고자 한다. 고객이 우리를 떠나지 않도록 고객의 애로사항이나 문제점을 최대한 해결해주고자 최선을 다하는 것이 우선이고, 그럼에도 불구하고 종결을 지을 수밖에 없는 상황이라고 판단되면 정중하고 신속하게 원하는 부분을 해결해드리는 것을 원칙으로 하고 있다.

고객이 레슨을 종료하고자 하는 의사를 내비칠 경우의 원칙은 애로사항을 최대한 해결하거나, 남은 횟수를 사용할 수 있도록 권장하거나, 가족에게 양도하기를 권유하는 것이다. 그럼에도 불구하고 부득이하게 환불해야 하는 경우는 신속하게 처리하려고 노력한다. 그리고 그 과정에서 불편했던 점은 없었는지 스튜디오가 개선할 부분들에 대한 생각들을 자연스럽게 여쭤보며 개선점을 찾는다. 그 순간 받는 피드백은 고객들의 마음이 여과 없이 드러나는 순간 나오는 것들이기 때문에 참고해야 할 게 많다.

이를테면, 고객 중에는 주말에만 시간이 되는 바쁜 분들이 많은데 보통 주말에는 강사도 쉬고 싶기 때문에 레슨 잡기가 어려워 그만두는 일이 많았다. 이 클레임에서 힌트를 얻어 강사와 협의 후 일요일에 그룹 수업을 오픈했다. 일요일에 그룹 수업이 있는 필라테스 스튜디오가 거의 없었기에 일요일 그룹 수업은 오픈 후 지금까지도 지속적으로 좋은 성과를 내고 있다.

그만두는 고객에게 나중에 꼭 다시 찾아주십사 개인 레슨 쿠폰이나 선물 등을 준비해서 드리기도 한다. 그러면 대부분의 고객들은 조금 놀란다. 과거에 어디에선가 구매가 끝나는 순간 싸늘한 대접을 받았던 경험들이 많이 있었기에 헤어지는 순간에도 정중하고 따뜻한 대접을 받자 놀라는 것이다.

그래서인지 우리 스튜디오는 유달리 엔딩 후 컴백하는 고객이 많다. 과거에 우리 스튜디오에서 운동했던 고객들은 물론이고 한두 번 상담을 받았던 분들도 몇 년이 지나 다시 재방문하곤 한다. 상담의 마지막 경험이 따뜻해서, 과거 레슨을 진행했던 강사에 대한 기억이 좋아서, 매니저의 친절이 기억에 남아서와 같은 이유가 가장 많다. 그리고 비록 우리와 헤어졌거나 인연을 맺지 못하고 다시 오지 못하더라도 친구나 친척들을 우리에게 소개해주기도 한다.

결국 따뜻한 이별의 시간은 고객이 추후 다시 돌아올 수 있는 힘이 되기도 하고, 그들의 소중한 지인들과 만나게 되는 기회가 된다. 이런 이유로 고객과 만나는 일을 한다면 만나는 그 순간보다 헤어지는 순간이 더 따뜻해야 함을 꼭 기억하고 실천해보길 바란다.

사실과 생각을
구분한다

우리는 대면서비스업에 종사하는 사람들이다. 하루에도 수십, 수백 명의 고객을 만난다. 고객들에게서 접수되는 크고 작은 클레임도 있고, 내부 고객인 직원들로부터 다양한 요청 사항 및 불만 사항을 접수하게 된다.

어떤 경우든 누군가의 요청 사항을 들을 때는 경청해서 그 사람이 무엇 때문에 어려움이 있었는지, 원하는 것이 무엇인지에 대해서 주의 깊게 듣는다. 그리고 경청하고 공감한 다음 그 사람이 말한 부분에 대해서 다시 한번 객관적인 언어로 말해주는 것이 좋다. 그들 마음의 통역사가 되어주는 것이다. 한번은 다음과 같은 고객의 불만을 접수했다.

"강사가 내 연락에도 답변을 안 하고 고객을 무시하네요. 고객이 많으니 나는 소중하지 않은가 봐요."

나는 우선 이 내용을 바로 강사에게 전달하지 않고 강사와의 연락이 잘 닿지 않아서 마음이 많이 불편했겠다며 사과한 뒤 강사에게 사정이 있었는지 확인해보고 다시 연락하겠다고 말했다.

이후 해당 강사에게 고객과 관련하여 질문을 했다. 이때 고객이 한 말을 그대로 전하지 않고 객관적으로 상황을 파악할 수 있게 대화를 이끌었다.

> "선생님, 오늘 이런 고객의 불편 사항을 알게 되었습니다. 상황을 조금 더 정확하게 알 수 있을까요?"

강사의 말을 들어보니 당시 고객은 블랙컨슈머의 기질이 있는 사람이었다. 강사를 좋아하는 것을 넘어서서 집착 단계에 있었다. 주말에도 밤에도 새벽에도 연락을 했으며 강사는 매번 답변을 해주다가 너무 사생활에 방해가 되어서 늦은 시간에 오는 연락에는 바로 답변을 하지 않고 다음 날 보냈다고 한다. 나는 해당 내용을 메신저를 통해 한 번 더 체크했다.

정확한 사실을 알게 되었으므로 나는 다시 고객에게 전화를 걸었다. 단, 이때도 고객에게 뭐라고 하는 말이 아니라 고객이 불만을 느낀 부분, 문제가 된 부분을 정확히 전달하도록 '통역사'가

되어 말했다.

"고객님, 제가 강사와 충분한 소통을 했습니다. 고객님
과 강사님과의 라포가 정말 좋아요. 강사님도 고객님의
건강한 레슨을 위해 정말 노력하고 있더군요. 다만 강사
님은 저녁 10시에 업무를 마치는 상황이라서 너무 늦은
밤이나 쉬는 주말에는 충분한 휴식을 취해야 양질의 레
슨을 해낼 수 있습니다. 강사님과 연락하실 때는 강사님
의 근무시간 내에만 연락을 주시는 배려를 부탁드립니
다. 그리고 강사님도 고객님과의 좋은 레슨을 위해 최선
을 다해서 답변을 해드리고 있다는 부분은 꼭 이해해주
시면 너무 감사하겠습니다."

흥분 상태에 있는 사람일지라도 본인의 말에 귀 기울여 들어
주고, 다시 한번 그것에 대해 객관적인 언어로 말해주고 나면 조
금은 차분해진다. 즉각적으로 해결해줄 수 있는 부분이라면 바
로 해결해주는 것이 좋고, 상위관리자와 협의가 필요하거나 시간
을 두고 해결할 일이라면 추후 해결 방안에 대해 정중히 약속드
린다. 이때 약속한 기한은 꼭 지켜야 하며 그 과정들을 문자 혹은

전화로 설명해드리면 더욱 좋다.

그렇게 상대방과 헤어지고 난 후에는 우리는 사실과 생각을 구분해야 한다. 우리는 종종 사실이 아닌 상대방의 생각을 사실이라 여기고 실수하는 경우가 있다. 예를 들어, 고객으로부터 이런 클레임을 받았다고 가정해보자.

"원장님, 저는 ○○강사님과 운동하는 □□입니다. 다름이 아니라 기분이 너무 불쾌해서요. 강사님이 요즘 저에게 많이 소홀해요. 예전 같지 않게 동작도 상세하게 안 봐주시고 평소에 연락도 자주 안 하시고요. 시간도 종종 늦으시고 하여간 성의가 없어요. 고객이 많아져서 이젠 제가 소중하지 않은가 봅니다. 너무 기분이 나빠요. 조치 좀 취해주세요."

과거의 나는 고객의 말만 듣고 직원에게 핀잔을 주는 부족한 사람이었다. 그러나 고객의 클레임을 자세히 살펴보면 위의 대화에서 '사실'은 '○○강사님과 운동하는 □□입니다' 이것 하나뿐이다. 나머지는 모두 고객의 생각이다. 물론 그 생각이 사실일 수도 있지만 아닐 수도 있다. 중요한 것은 상대방의 생각만으로 상황을 판단해선 안 된다는 것이다. 레슨 시간에 종종 늦었다는 것도 일 년에 한 번 피치 못할 사정에 의한 상황이었는지 매번 그랬던 것인지 고객의 언어에서는 유추하기 어렵다.

과거의 나는 사실과 생각을 구분하지 못해서 종종 실수를 하곤 했지만 '인큐(어른들의 마음학교)*'라는 곳에서 좋은 기회로 교육을 받으며 사실과 생각을 구분하는 공부를 하게 되었다. 그 이후 많은 것들이 바뀌었다.

누군가의 클레임이 접수된 후에는 차분히 마음을 가라앉히고 들었던 말들 중에 사실과 생각을 구분한 후 어떻게 대처하고 해결할지를 고민한다. 이때 절대 서두르지 말아야 한다. 시간을 들여 신중하게 판단해야 한다. 이런 상황은 좋게 끝날 수도 있고, 그렇지 않을 수도 있다. 하지만 원칙은 하나다. 잘못한 일은 사과하고 잘못하지 않은 일은 정중하게 잘 설명한 뒤 사과받아야 할 때 받아야 하는 것, 이것뿐이다.

• 트루스그룹(뛰어노는 논술학교, 스웨덴 피크닉, 뷰컬런즈)의 대표인 윤소정 대표의 어른 학교. 현재는 아이들을 위한 교육만 운영하고 있다. 나는 운이 좋게도 과거에 여기를 다니면서 업무에 많은 도움을 받았다.

고객의 클레임에 지혜롭게 대처하는 법

나는 클레임이 애정의 또 다른 모습이라고 생각한다. 좋아하고 사랑하기 때문에 불만이 생겼을 때 침묵한 후 스튜디오를 떠나는 대신 마음의 불편함을 감수하고 불만 사항을 털어놓는 것이다.

본질은 간단하다. 클레임이 접수되면 더 사랑해드리고 더 마음을 달래드려서 사랑받고 있음을, 관심받고 있음을 느끼게 하는 것이다. 그리고 사랑하는 마음만으로는 충분하지 않으니 반드시 행동 개선, 상황에 대한 개선이 동반되어야 한다.

#1 경청하고 공감하고 한 번 더 반복해서 들려주기

- 클레임이 시작되면 눈을 마주치고 경청한다. 잠시 양해를 구하고 메모를 해도 좋다. 그리고 고개를 끄덕이거나 '아~', '네' 등 추임새를 넣으며 당신 말에 공감하고 있다는 것을 알린다. 그 사람의 말을 되도록 끊지 말고 끝까지 들어주도록 노력한다.

- 말이 끝나면 그 사람의 말을 간략히 정리해서 내 음성으로 다시 들려준다. 이를테면 고객이 '제가 이러이러한 부분 때문에 기분이 나빴습니다'라고 했다면, '네, 말씀 주셔서 감사드립니다. 이러이러한 부분 때문에 불편하셨군요' 하고 한 번 더 나의 입을 통해서 그 사람의 생각을 알린다. 내가 이해한 것이 맞는지 더 덧붙일 의견은 없는지 다시 한번 되묻는다.
- 바로 해결할 문제는 바로 해결하고 그렇지 못한 문제는 기한을 정하고 해결을 약속한다.

#2 사실과 생각 구분하기

- 고객과 헤어지고 하면 그의 말 중에서 사실과 생각을 구분해본다. 처음엔 어려울 수 있지만 반복해서 훈련하다 보면 구분이 점점 쉬워진다. 정확한 근거, 날짜, 시간, 행위의 정확성 등 정량화시킬 수 있는 것들이 사실에 가까운 것이다. '~한 것 같아요'로 끝나는 말의 대부분은 생각일 확률이 매우 높다.
- 사실과 생각이 구분되면 이와 관련된 사람들과의 만남을 통해서 다시 한번 사실 규명을 하고 양자 혹은 다자간의 상황을 또다시 경청한다. 이때도 역시 사실과 생각에 대한 구분은 꼭 필요하다.
- 이렇게 일을 처리하다 보면 감정에 치우쳐 실수하는 횟수가 줄어든다. 조금 더 합리적이고 똑똑한 업무 처리를 위해 팩트에 기반한 정확한 사실을 파악하고 문제 해결을 하는 습관은 모든 조직원에게 필수다.

영업 시간이 끝나고 텅 빈 가게를 바라보면
북적이던 것이 무색할 만큼 고요하다.
그러면 나도 얼른 마감하고 집으로 가 쉬고 싶어진다.
내일 만날 고객을 위해 에너지를 세이브하는 건 좋은 일이다.
그러나 고객이 없을 때에도 사장의 머릿속엔 고객에게
최상의 서비스를 제공하기 위한 생각이 움직여야 한다.
고객이 있었을 때 벌어진 일들을 보완하며
나의 사업장이 더욱 발전하기 위한 시스템은
바로 이때, 고객이 떠난 공간에서 시작되기 때문이다.

3부

고객이
없을 때도

실패와 실수를 보완해야
충성고객이 된다

6장

분류

"재구매를 이끄는
최선의 전략은 무엇인가?"

고객을 분류해야
솔루션이 보인다

처음 스튜디오를 인수했을 당시 잠실 스튜디오는 고객 관리에 대한 아무런 기준도 방식도 없었다. 고객이 방문하면 보이는 메모지에 고객의 정보를 적었고, 따로 차트를 정리하지 않았으며, 그때그때 메모지에 업무를 처리하고 있었다.

찾아온 고객이 레슨비를 지불하고 레슨을 등록하면 아주 간단한 차트를 기재하고 레슨을 시작했는데 그 고객에 대한 정보를 늘 구두로 전달하다 보니 소통의 누락과 오해가 종종 발생했다. 강사가 기억을 못 하거나, 매니저가 전달을 안 해서 고객에 대한 중요한 정보들이 누락되는 경우가 종종 있었던 것이다. 그리고 고객이 레슨을 시작하면 고객의 정보와 레슨 횟수를 지류 출석부에 기재하는데 가끔은 고객의 횟수 계산과 강사의 횟수 계산이 맞지 않아 실랑이가 발생했다. 한 달에도 서너 번씩 횟수를 서로 확인하느라 신경전을 벌이다가 빈정이 상하기 일쑤였다.

상담을 온 고객의 정보를 저장할 때 시기와 타입을 분류하지 않다 보니 이 고객이 언제 상담을 온 사람인지, 상담만 온 고객인지, 등록으로 연결된 고객인지, 종료된 고객인지, 그룹 고객인지, 개인 고객인지 전혀 구별할 수가 없었다. 홍보 문자를 전송하려 해도 고객의 타입을 알 수가 없어서 홍보의 범위를 결정하기 어려웠다. 그리고 고객이 레슨을 하다가 사정이 생겨서 종료하면 그 고객은 출석부에서 없어지고 사후 관리가 전혀 안 되었다. 많은 것들이 정리가 안 되어 있었고 서면화 혹은 매뉴얼이 되어 있지 않아서 강사의 성향과 능력에 따라서 복불복으로 고객 관리가 이루어지고 있었다.

해결 방법은 어렵지 않았다. 기록과 소통에 대한 첫 단추부터 정리하는 것이었다. 고객은 다양한 방법으로 우리를 찾아온다. 워크인, 전화, 쪽지, 카톡, 인스타 DM 등 각양각색이다. 어떤 방법으로든 고객이 우리를 찾으면 고객과 컨택이 시작되고 기록으로 저장한다. 이름과 전화번호 등의 기본 정보는 물론이고 아프거나 불편한 부분, 질병, 질환, 특이 사항, 출산 유무, 운동 목적, 운동을 원하는 요일과 시간 등등 필요한 정보를 수집한다. 구체적으로 수집을 하는 이유는 지피지기면 백전불태이기 때문이다. 고객의 상태와 원하는 부분을 정확히 알아야 그에 맞는 강사를 적절히 배정할 수 있고, 강사도 그 정보를 충분히 숙지해야 맞춤형 레슨을 진행할 수 있기 때문이다.

그렇게 한 명 한 명 매일 모이는 고객들을 기록하고 분류해서 그에 맞게 관리한다. 고객은 잠재 고객, 상담 고객, 체험 고객, 1회성 구매 고객, 1차 재구매 고객, 2차 재구매 고객, 3차 이상 장기 고객, 홀딩 고객, 종료 고객, 컴백 고객 등 분류가 다양하다.

- 상담 고객: 대면 혹은 전화로 문의해 온 고객. 첫 인연의 시작이므로 최대한 고객에게 도움이 되고자 하는 마인드를 가진다. 고객의 정보를 최대한 수집하고 어떤 도움이 필요한지 파악한 후, 어떤 도움을 줄 수 있을지 소통한다.
- 체험 고객: 상담을 마친 후 스튜디오의 레슨을 1~2회 정도 체험한 고객. 체험 레슨을 마친 후 앞으로 레슨을 지속할지 아닐지를 결정하게 되기 때문에 짧은 시간 동안 고객의 마음을 사로잡는 게 중요하다.
- 등록 고객: 체험 레슨을 마친 후 레슨을 등록한 고객. 신규 고객이라고도 하는데 마치 연애 초기처럼 서로를 조심스럽게 알아가고 서로의 니즈를 파악하는 시간이 필요하다.
- 1차 재구매 고객: 처음 등록 기간이 끝난 후 한 번 더 재구매를 하는 고객.

레슨에 효과를 보았고 스튜디오를 신뢰하게 되었을 때 1차 재구매가 발생한다.

- 장기 고객: 3차 이상의 재구매부터 레슨 누적 횟수가 200회 이상 넘어가는 고객. 우리 스튜디오의 진정한 팬이 되었다고 볼 수도 있지만 고객의 마음은 언제 어떻게 바뀔지 모르니 장기 고객일수록 더 신경 쓰고, 배려하고, 챙겨야 한다.

- 홀딩 고객: 레슨 횟수가 남아 있는데 개인적인 사정이나 외부적인 요인들로 인해 레슨을 못 나오는 고객. 추후 환불로 연결될 수 있고, 오랜 기간이 지난 후 문제의 소지가 될 수 있다. 고객의 건강과 운동 패턴을 위해서 홀딩 고객으로 만들지 않는 것이 중요하다. 설령 사정에 의해 홀딩 고객이 되더라도 지속적인 관리와 소통을 통해서 다시 운동을 시작할 수 있도록 리드하는 것이 강사의 중요한 역량이다.

- 종료 고객: 레슨을 진행하다가 레슨을 종료한 고객. 이유는 다양하다. 끝이 좋아야 다 좋은 것이기 때문에 이때의 마무리를 좋은 매너로 해야 한다. 언제라도 다시 찾아올 수 있게 헤어짐도 환대해야 하고 필요한 정보나 선물을 줄 수 있으면 준다. 레슨이 종료된 뒤에 3~6개월 동안은 안부를 전하기도 하면서 라포를 유지한다면 추후 컴백 고객으로 돌아올 확률이 높아진다. 설령 돌아오지 않더라도 친구, 가족을 스튜디오에 소개해주는 경우도 종종 있다.

- **컴백 고객**: 레슨이 종료된 후에 수개월 혹은 수년이 지난 후에 다시 스튜디오에 돌아오는 고객. 우리 스튜디오는 컴백 고객이 많은 편이다. 엔딩에 대한 좋은 기억과 사후 관리로 다시 돌아온 것이라 추측된다. 컴백 고객은 신규 고객보다 훨씬 더 로열티가 견고하다. 컴백으로 이어진 고객은 장기 고객으로 지속될 확률이 매우 높다.

- **소개 고객**: 기존에 스튜디오에 다니고 있는 고객이나 스튜디오를 잘 아는 고객이 소개하여 데려온 고객. 소개해준 고객과 소개 고객에게 선물을 주기도 한다. 신규 마케팅을 하지 않고 오직 입소문으로 유입된 고객이기 때문에 초기 단계부터 로열티가 높고, 스튜디오의 신규 마케팅 비용을 절감시켜주는 매우 고마운 고객이기 때문에 그에 대한 사례는 정성껏 챙겨드린다.

우리는 처음부터 신규 고객을 유치하는 것보다 재구매가 잘 일어날 수 있도록 하는 데 더 많은 에너지를 쏟았다. 신규 홍보를 위한 파워링크나 파워블로거 활용보다는 기존에 우리를 찾아와준 고객들에게 집중했다. 더 좋은 레슨을 해드리기 위해 내부 역량을 지속적으로 강화했고, 신입 강사들의 교육과 서비스 교육, 인문학 교육에도 정성을 쏟았다.

트리니티에 입사하는 강사들은 각기 다른 가정에서 성장한 다양한 개성을 지닌 인재들이다. 그 다양성을 존중하면서도 트리니티가 추구하는 철학을 꼭 가지길 바랐다. '고객을 반드시 지키고 고객의 가치를 극대화한다'라는 정신을 꼭 함께 알고 배우고 실천하길 원했다. 서로의 성품은 다를 수 있지만 가고자 하는 방향은 한곳이어야 함을 나누고 싶었다.

그렇게 하루하루 정성을 쏟다 보니 우리 강사들은 이제 나보다 더 고객을 지키고 집착한다. 이제 그만해도 된다고 해도 고객을 챙긴다. 청출어람이라더니 이젠 예전의 나보다도 훨씬 더 고객에게 집착하고 자신을 돌보지 않는 모습도 보여서 걱정이 될 때도 있다. 몸이 아프면 병원을 가거나 충분히 쉬는 시간을 가져야 함에도 불구하고 고객 걱정에 쉬지도 못하는 모습을 볼 때마다 고맙기도 하고 한편으로는 마음이 짠하기도 하다.

고객을 보지 않고도
볼 수 있는 경지

고객의 정보를 수집하고 분류한 후 관리팀은 그 고객에게 맞는 강사를 배정하고자 고민한다. 시간과 요일은 물론이고 레슨의 방향과 고객과의 성격 궁합, 사상체질까지 고려하면서 강사를 배치한다. 배치의 오류를 최소화하기 위해서는 첫 배정이 가장 중요하다. 강사와 소통할 때는 고객에 대한 정보를 구두와 서면, 그리고 차트 사진으로 명확하게 전달한다.

우리가 원하는 것은 이것이었다. 강사가 고객의 정보를 간접적으로 읽더라도 고객의 상태를 그림처럼 그려내는 것. 고객을 보지 않고도 볼 수 있는 단계.

그렇게 고객이 강사와의 첫 체험을 마치고 나면 체험한 강사로부터 고객의 상태(운동인지능력, 신체 이슈, 앞으로의 운동 방향 등)를 전달받고 고객에 대한 재상담을 진행한다. 여기서 중요한 것은 매출을 올리기 위한 영업 행위를 지양하는 것이다. 나는 단 한 번도 관리자나 강사들에게 고객이 회원권을 끊게 만들라고 강요한 적이 없다. 내가 그들에게 요청한 것은 단 하나, 그 고객에게 꼭 필요하고 고객이 원하는 것을 들어주라는 것이었다.

고객이 지갑을 열고 결제를 하려고 해도 우리보다 치료가 필요한 고객은 병원으로 보냈고, 아직 운동을 할 수 있는 때가 안 된 산후 고객은 몇 주 후에 다시 오라고 돌려보내기도 했다. 필라테스보다 러닝이나 등산이 필요한 분은 그것을 먼저 권해드렸고, 그룹으로도 충분히 운동이 가능한 고객은 굳이 개인 레슨을 강요하지 않았다. 우리는 한 번도 매출을 올리기 위해 고객에게 레슨권을 강요하거나 맞지 않는 솔루션을 준 적이 없다. 이 부분에 있어서는 한 점 부끄럼이 없다.

이처럼 답답할 정도로 영업 행위를 하지 않고 고객을 이롭게 하는 것, 그것에만 집중했다. 이런 방식은 비록 천천히 성장하는 것 같아 보이지만 그 신뢰의 깊이는 어느 순간 훌쩍 깊어져 고객들이 우리를 오랜 친구처럼 신뢰하게 되는 데 밑거름이 되었다. 그렇게 그 고객이 신뢰를 기반으로 우리와 인연을 한번 맺으면 절대 그만두지 않고 오랫동안 운동할 수 있도록 최선을 다했다. 담당 강사도 매니저도 나도 한 고객의 첫 레슨부터 레슨이 끝나는 그날까지 전부 기록한다. 고객과 함께 걸어가는 긴 여정 속에서 고객의 가치를 극대화하는 경험을 만들어가려는 노력이다.

고객 선물 이벤트를 하더라도 우리는 시시한 것을 준비하지 않았다. 비용과 원가가 조금 상승하더라도 그냥 쿠키가 아닌 유기농 쿠키, 심지어 쿠키 포장도 환경을 위해 플라스틱을 배제하고 종이로 일일이 포장해서 준비했다. 고객에게 드리는 소도구도, 운동 양말도 현존하는 가장 좋은 브랜드의 제품을 선물하려고 신경 썼다. 고객이 직접 몸에 사용하는 아로마 제품은 모두 화학성분 하나 없이 제조했으며 그 물건을 포장함에 있어 최대한 플라스틱, 비닐을 배제하고 손수 만든 에코 파우치, 재활용 종이 등을 활용했다. 고객에게 드리는 편지도 직접 제작한 우리만의 엽서에 손편지를 써서 드렸다. 대량으로 엽서를 보내야 할 때는 그냥 프린트하기보다는 캘리그라피로 편지를 써서 드리는 등 정성을 기울였다.

고객이라는 소중한 주체들의 가치, 그리고 그 고객들이 느끼는 우리 브랜드의 가치를 모두 충족시킬 수 있도록 고민했다. 고객과의 여정에서 일어나는 크고 작은 이벤트들 속에는 수고가 2~3배 들더라도 직접 만들고, 포장하고, 좋은 물건을 찾기 위해 고군분투하는 우리 팀원들의 수고가 고스란히 녹아 있다.

이렇게 고객을 제대로 분류하고 첫 단추를 제대로 끼우면 모든 것이 순조롭다. 첫 단추를 대충 끼우거나 잘못 끼우면 추후에 문제가 반드시 발생한다는 점을 잊지 말아야 한다.

고객과 레슨을 진행하면서 짧게는 한 달, 길게는 10년 이상 관계를 맺고 함께 시간을 쌓아가게 된다. 길고 긴 시간 동안 고객과 크고 작은 수많은 경험을 한다. 그렇게 경험이 축적되면서 신뢰는 더욱더 깊어지고 고객과 우리는 공동체 의식을 갖고 한마음으로 함께 나아가게 될 것이다.

TRNT TRINITY PILATES

#핸드메이드
#리프레쉬키트
#아로마오일로만든건강키트

3월 한달간 등록하는 모든 분들에게
트리니티 핸드메이드 프레쉬 스프레이와 인해일러를
예쁜 에코 파우치에 담아드려요

www.xxxpilates.co.kr
TRNT TRINITY PILATES
STUDIO & ACADEMY

#크리스마스이벤트
#토끽스니삭스

고객님을 생각하며
정성껏 포장했어요 ♡
어른 데려가쥬세여~

고객을 위한 친환경 선물들

작은 것 하나라도 좋은 것을 드리고,
최대한 예쁘게 포장하여 드린다.
고객의 삶 속에서 그저
스쳐 지나가는 물건이 아니라
트리니티와의 인연을 되새기는
의미 있는 무언가가 될 수 있도록.

출석부를 100번도 넘게 바꾼 이유

앞서도 말한 적이 있지만, 출석부에 대해 말하자면 정말 할 말이 넘친다. 고객을 지키기 위해 그동안 100번도 넘게 바꿨기에 출석부는 애증의 산물이기도 하다.

나는 왜 이렇게 출석부에 집착했을까? 우선 출석부는 우리 고객들의 현황판이자 통계 지표이자 전략의 근거다. 스튜디오에 고객이 오면 체성분 분석을 위해 인바디를 실시한다. 근육량, 체지방량, 체수분 등 몸의 현주소를 알 수 있는 지표로 활용하기 위함이다.

출석부도 마찬가지다. 고객이 결석하지 않고 잘 나오고 있는지, 사정이 생겨 긴 기간 동안 홀딩하고 있는 건 아닌지, 레슨의 종료 시점이 다가오는 시기라서 앞으로의 계획을 여쭤보아야 하는지, 부상을 치료하고 이번 달에 온다고 했던 고객님의 컴백 시기는 아닌지, 이번 달엔 수업을 몇 타임을 했는지, 종료가 예정된 고객 중에 몇 퍼센트가 재구매를 했는지 등등 고객에 대한 과거, 현재, 미래의 모든 상황이 담겨 있는 것이 바로 출석부다.

처음 필라테스 스튜디오를 인수했던 시기에는 고객 관리 프로그램이 흔치 않았다. 그래서 엑셀로 만들어진 출석부를 지류로 출력하면 강사들이 수기로 기입하는 방식으로 출석부를 관리했었다. 매일매일 출근을 하면 출석부를 가장 먼저 살펴보았는데 신기하게도 출석부만 보아도 모든 것들이 다 보였다. 출석부를 보면 강사가 고객을 대하는 마음과 태도, 강사의 미래 모습, 조직의 에너지가 고스란히 느껴졌다. 출석부를 볼 때마다 새로운 아이디어가 생겼고 수정할 것들이 자꾸 보여서 매월 수정해나갔다. 난 엑셀을 다룰 줄 몰라서 종이에 자를 대고 표를 그리다가 틀리면 수정하기 위해 그 종이 위에 누더기처럼 다른 종이를 붙이고 또 붙여서 직원들이 최종적으로 엑셀로 수정할 수 있도록 그려주었다.

더 편하고, 더 잘 보이고, 더 관리하기 쉽고, 무엇보다도 고객을 잘 지켜낼 수 있는 출석부를 만드는 것이 중요했기 때문에 정말 많은 시간에 걸쳐서 출석부는 수정, 보완되었다. 어떤 달도 그냥 넘어가는 적이 없었다. 결국 두 손 두 발 다 든 직원들은 나중엔 먼저 이번 달엔 내가 무엇을 바꾸고 싶은지를 물어보거나 퀴

즈처럼 내 마음을 맞히기도 하면서 자기들끼리 재미있어했다. 그 과정에서 나는 그들에게 엑셀을 배웠다.

그렇게 출석부는 계속 진화해나갔고 크기도 커졌다. 목적은 단 하나였다. 고객을 제대로 분석해서 철저히 지켜 고객의 누수를 막는 것. 물론 매달 바뀌는 출석부로 강사들은 심한 피로감을 느끼기도 했다. 이제 그만 좀 바꾸라면서 짜증을 내는 강사들도 있었다. 그래서 난 그들을 설득해야만 했다.

"우린 신규 고객을 많이 유치하려고 할인 이벤트를 하는 스튜디오는 아니에요. 기존 고객들을 더 탄탄히 지켜내는 스튜디오죠. 고객을 지켜내지 못하면 우리의 미래는 보장되지 않아요. 올지 말지 알 수 없는 뜬구름 같은 신규 고객보다 이미 우리 스튜디오를 경험하고 있는 고객들이 더욱 소중하고 값진 것 아니겠어요?"

기존 고객을 지켜내지 못한다면 우리의 미래는 보장되지 않는다는 점을 계속 설득했다. 앞으로 필라테스가 더 유행하면 주변에 많은 스튜디오가 생겨날 것이고 그런 상황 속에서도 흔들리지 않으려면 우리의 고객을 지키는 힘이 아주 단단해야 한다는 것을 열심히 전했다. 서비스의 가치를 훼손시키지 않으면서 할인하지 않고 스튜디오를 운영하려면 우리가 고객을 지키는 힘이 더 세야 한다는 사실을 강사들에게 계속 인지시켜 나갔다.

그런 부분을 결코 받아들일 수 없어 튕겨 나가는 강사도 있었지만 어쩔 수 없었다. 트리니티는 그래야 했기 때문이다. 고객을 지키는 부분에서 생각이 달라 같은 길을 갈 수 없는 강사라면 과감히 안녕을 고해야 했다. 가고자 하는 길이 명확했기 때문에 무엇을 해야 하고 무엇을 하면 안 되는지도 명확했다. 고객을 지키는 모든 행위는 무조건 계속해야 했고 인스턴트식의 휘발성 높은 고객 이벤트는 하지 않아야 했다.

자사에 딱 맞는
고객 관리 프로그램이 있는가

───────

고객을 잘 지켜내려다 보니 출석부는 너무나 복잡해졌고 방대해졌다. B4사이즈의 종이에도 관리 요소를 모두 담을 수 없는 지경에 이르니 고민이 많아졌다.

고객의 85% 이상을 지키기 위해서는 정말 많은 에너지가 소모되었다. 강사의 노력뿐 아니라 고객 관리를 위한 매니저들과 나의 에너지가 아주 많이 필요했다. 급기야는 기존 매출 대비 수용할 수 있는 직원의 수를 넘어섰고 비용의 효율성이 극도로 악화되었다. 고객을 지키려다가 사업이익이 위협받는 상황에 다다른 것이다. 나는 고객을 지키기 위한 모든 것들을 100번의 수정을 거쳐서 다 펼쳐 놓았으니 이젠 정리를 하고 효율성을 강화해야 하는 시기가 왔음을 직감했다.

그즈음 고객 관리 프로그램이 여럿 개발되었다는 정보를 얻고 내로라하는 업체들과 미팅을 진행했다. 우리가 원하는 것은 고객을 지키는 힘은 그대로 가져가되 지금처럼 복잡하지 않고 효율적으로 돌아가는 프로그램이었다. 하지만 몇 군데의 업체와 미팅을 하면서 한숨이 커져갔다. 나 이상으로 출석부에 공을 들였던 매니저팀도 시중에 나와 있는 제품들이 탐탁지 않았던 것이다.

이유는 기존에 개발된 프로그램들은 효율적이고 편할지는 모르나 고객을 지킬 수 있는 힘이 부족했기 때문이다. 고객의 기본 정보가 담겨 있는 CRM은 정형외과처럼 고객의 신체 정보가 있어야 함에도 불구하고 이름, 전화번호, 주소, 메모가 전부인 프로그램이 대다수였다. 현재 고객이 아닌 홀딩이나 엔딩 고객은 애써 찾지 않으면 잘 보이지 않아서 고객을 잊어버리기 딱 좋았다. 그룹 출석부는 대기자들도 한눈에 보여야 자리가 생길 때 바로 넣을 수 있는데 그런 부분도 찾아보기 어려웠다.

사실 이런 부분들이 왜 미흡할까에 대한 이유를 짐작할 수 있었다. 그것들은 직접적으로 매출을 올리는 것과 큰 관계가 없었다. 돈 버는 것과 즉각적으로는 무관하기 때문에 일반적으로 크게 신경 쓰지 않는 부분들이었다. 하지만 트리니티에게는 중요한 부분이었다. 그러다 보니 업체 측에서 우리의 지류 출석부를 검토한 후 이렇게까지 관리하는 방식은 처음 보았다며 오히려 이 출석부를 기반으로 공동 개발하자는 역제안까지 했다.

결국 우리는 기존의 프로그램을 쓰지 않기로 했다. 기존의 제품을 쓰는 게 간편하고 쉬운 길이었지만 그 쉬운 길을 가지 않고 우리는 우리가 원하는 가치를 담아 프로그램을 만들기로 결심했다. 예산이 많았다면 근사하게 만들었겠지만, 그렇지 않아 매크로 기반으로 만들 수밖에 없었다. 그때 고객 관리 프로그램을 리드해준 김민호 코치님과의 인연은 참 귀하다. 김민호 코치님은 우리와 1년간 프로그램 개발을 거쳐서 완성한 후, 그것이 인연이 되어 지금 우리 스튜디오의 총책임자로 일하고 있다.

우리는 지류로 된 모든 것들은 프로그램화하기 위해서 1부터 모든 것을 다시 시작했다. 컴퓨터 프로그램을 기획해본 사람들은 알 것이다. 몇 년간 100번을 거쳐 수정한 이 방대한 지류 출석부를 프로그램화하는 것이 얼마나 막막한 작업인지를.

우리는 이 작업을 겁도 없이 시작했다. 수정하고 개발하고, 수정하고 개발하고, 이 작업을 꼬박 1년간 진행했다. 나와 김민호 코치님 그리고 리드 매니저 은슬이는 1년간 토요일을 반납했다. 평일엔 일하느라 회의할 시간이 없었고, 당시 코치님은 직장인이었기 때문에 매주 토요일마다 만나서 프로그램을 기획하고 수정하는 것을 반복했다.

우리는 왜 이 고생을 하면서 편한 길을 택하지 않았을까? 이에 대한 답은 일 년이 흘러 트리니티만의 소중한 고객 관리 프로그램이 탄생하면서 정확히 알 수 있게 되었다. 아직 개선점이 있기는 하지만 고객 관리가 한결 수월해졌고, 반복해서 기재해야 하는 작업들이 소거되었다. 또한 매번 수기로 했던 각종 통계 작업이 용이해졌고, 그룹과 개인의 현황을 한눈에 볼 수 있는 현황판이 생겨났다.

프로그램을 만들고 컴퓨터 작업에 익숙하지 않은 강사들에겐 몇 차례에 걸쳐서 프로그램 사용 방법에 대한 교육을 진행하고, 사용법에 대한 매뉴얼을 만들고, 오류가 계속 나서 끊임없이 수정하는 것을 반복했다. 특히 은슬 매니저와 민호 코치님은 이 과정을 통해 상을 받아도 될 만큼 나보다도 이 일에 진심이었다. 어려운 길을 걸어감에 있어 기꺼이 동참해주는 직원이 주는 힘은 대단하다. 힘들 것을 뻔히 알면서도 기꺼이 해내주는 것, 그 고마움은 겪어본 사람만 안다.

그렇게 우리는 해냈다. 첨단 멀티미디어 시대에 어쩌면 작은 성과일지라도 이 소중한 성공의 경험은 우리를 우주 멀리 데려다줄 것임을 믿는다. 또 이번의 성공 경험을 통해 매일매일 작은 변화를 기꺼이 받아들이고 작은 성공을 이루어나가면 그 힘이 모여서 고객을 85% 이상 지키고 할인 이벤트 없이도 고객을 지켜내고 코로나에도 고객을 굳건히 지킬 수 있다는 것을 잘 알게 되었다.

여기서 끝은 아니다. 더 간편하게, 원터치로 혹은 음성 인식으로 더 진화한 트리니티의 고객 관리 프로그램이 탄생될 것이다. 고객을 지키기 위한 우리는 노력은 멈추지 않을 테니까.

고객이 서운하지 않은
인수인계를 위해

필라테스업은 강사들이 여성이 많기 때문에 각자의 신변에 변동 사항이 자주 발생하곤 한다. 특히 결혼과 임신과 출산 등은 가장 큰 변동 요소다. 여기에 남편의 이직 및 주재원 발령, 이사 등도 업무에 많은 변화를 준다. 이런 상황에서는 강사가 레슨 시간을 줄이거나 아예 그만두어야 하는 상황도 종종 일어난다.

나도 아이를 키우는 엄마인지라 아이들의 학원에서 선생님이 교체될 때 비슷한 경험을 한다. 아이들의 영어학원, 수학학원, 미술학원도 우리 스튜디오 상황과 거의 다르지 않다. 아이들을 직접 대면하며 가르치는 선생님들이 개인의 사정으로 강의 시간이 바뀌거나 강의가 없어지는 일이 자주 있는 것이다.

선생님이 바뀌면서 아이들을 인수인계하는 과정은 서운하고 불편하다. 특히 아이들은 아직 어리기 때문에 선생님의 영향을 많이 받는다. 정들 만하거나 겨우 학습에 적응하고 흥미를 느꼈는데 선생님이 바뀌면 사실 난감하다. 게다가 그 과정 속에서 아이와 부모를 배려하지 않는 모습이 보이면 더욱 마음이 좋지 않다. 왜인지는 모르겠지만 선생님이 어느 날 갑자기 예고 없이 바뀐다고 하는데 그게 바로 오늘부터 혹은 다음 주부터라고 일방적으로 통보를 받을 때가 특히 그렇다. 아이는 선생님과 작별할 시간도 없이 갑자기 다른 선생님을 만나야 한다. 이때마다 나는 늘 의문이 있었다.

'왜 선생님과 아이들의 이별 시간을 존중하지 않는 걸까? 정말로 그 많은 선생님들이 무책임하게 급히 퇴사를 한 걸까? 혹시 선생님이 아이들을 데리고 다른 학원으로 갈까 봐 두려운 대표들의 방어 전략은 아닐까?'

물론 나는 그 속사정을 알 수 없다. 그러나 속사정이 어떻든 간에 학부모의 입장에서 중요한 건 그 결과에 대한 불쾌함은 고스란히 고객의 몫이라는 것이다. 선생님이 바뀌는 과정에 있어서 조금만 정성을 들인다면, 아이도 부모도 기분 나쁘지 않고 오히려 학원을 더욱 믿을 수 있을 텐데 늘 아쉽다.

나는 이런 경험들을 토대로 우리 스튜디오는 인수인계를 할 때 시간과 정성을 더 많이 쏟기로 했다. 우선 강사나 직원들은 퇴사 의사를 적어도 한 달 전에 밝히도록 약속했다. 그리고 퇴사하기로 결정하면 본인의 고객을 개인과 그룹, 현재 고객과 홀딩 고객으로 분류해서 기본적인 정보를 포함해 신체 이슈, 운동하는 요일과 시간, 특별히 기억하거나 챙겨야 할 부분들, 불편하거나 아픈 부분 등등 고객의 자세한 특성과 정보를 인수인계 시트에 기재한다. 이 시트는 관리자와 공유되며 이후 소통의 채널이 된다. 담당 강사는 각 고객에게 어울리는 적합한 새로운 강사를 추천하고 스케줄 및 의사 확인을 통해 다음 강사를 관리자와 함께 최종 결정한다.

그 후 그 고객을 맡을 새로운 강사가 정해지고 나면 해당 강사는 최소 1~2주 동안 고객의 수업을 직접 관찰한다. 담당 강사에게서 구두와 지면으로 고객에 대한 정보를 얻지만 추가로 본인의 눈과 귀로 다시 한번 본인의 관점에서 고객의 상태를 파악하도록 하는 것이다. 기존 강사에게서 받은 정보와 본인의 직접 습득한 정보를 바탕으로 고객을 면밀히 파악하면 고객은 담당 강사가 바뀌어도 큰 불편함을 느끼지 않을 수 있다. 그리고 그 과정에서 고객은 기존 담당 강사와는 서서히 헤어지는 시간을 가지고 나를 맡아줄 새로운 강사와 인사를 나눈다. 이후 고객은 새로운 강사와 한두 번 정도 시범 레슨을 진행한다. 그 과정에서 잘 맞으면 진행으로 연결되고 잘 맞지 않으면 새로운 강사와 다시 레슨을 시도한다. 고객은 이 과정을 통해 담당 강사가 바뀌게 되어 서운할 수는 있지만 다음 강사와의 인수인계, 다음 강사가 준비하는 태도를 미리 경험함으로써 앞으로의 여정에 대한 불안이 없어지고 신뢰감을 갖게 된다.

이처럼 트리니티는 이별의 시간도, 새로운 만남을 준비하는 시간도 온전히 고객, 담당 강사, 새로운 강사가 서로 다 같이 준비할 수 있도록 서포트하며 이 불편한 시간들이 신뢰로 자리 잡을 수 있도록 많은 에너지를 쏟는다. 관리자는 모든 상황을 계속 모니터링하고 고객에게 피드백을 받으면서 부작용을 최소화하고 새로운 강사가 잘 맡아서 진행할 수 있도록 이상적인 가이드를 제시한다.

고객들은 이 과정을 통해 충성 고객이 되는 경우가 대부분이다. 간혹 도저히 새로운 강사에게 적응을 못 하거나 거부감이 심한 고객들에게는 최선을 다해 가이드하다가 고객이 원하는 환불, 이동, 양도 등의 절차를 정중하게 진행해드린다. 앞서 말한 대로 떠나는 고객은 더 따스히 대하고 존중해야 한다.

그래서 우리 스튜디오의 인수인계는 길다. 강사와 스튜디오의 상황이 아주 급박하지 않다면 최소 한 달간의 여유를 가지고 서로를 존중하면서 진행하려고 노력하고 있다. 이런 절차를 통해 떠나가는 강사도 고객을 편안한 마음으로 맡기고 갈 수 있고, 새롭게 맡게 되는 강사도 시간을 충분히 두고 고객을 파악할 수 있다.

우리의 인수인계 시트는 고객을 배려하고 존중하는 소통의 채널이다. 그 시간들이 때로는 아프고 서운할 수 있지만 그 시간을 의미 있고 신뢰하도록 만들 수 있다면 참 다행이지 않은가? 어떤 상황에서도 고객의 마음을 잃고 싶지 않기 때문에 우리는 많이 수고스럽더라도 번거롭고 오래 걸리는 선택을 한다. 그리고 앞으로도 그렇게 할 것이다.

7장

내실

"어떻게 지속성을
만들 것인가?"

손해를 보더라도
양질의 서비스를 택한다

대부분의 실내체육 시설은 새해와 새학기가 시작되는 1월과 3월, 그리고 옷이 얇아지는 6월과 7월이 성수기다. 성수기에는 많은 신규 고객이 유입되고 그 힘으로 비수기를 버틴다. 그래서 성수기에 유입되는 고객은 성수기 이외의 기간 동안 스튜디오의 생존에 대단히 중요한 영향을 미친다. 그런데 이 성수기에 고객을 유치하지 못하고 고스란히 대기시킨, 눈물 머금은 스토리가 있다.

2018년 봄, 신입 강사 3명이 입사했다. 봄에 3개월 정도 트리니티에서 진행하는 신입 강사 트레이닝을 하고 나면 이들이 성수기에 유입되는 고객들을 수용할 수 있기에 물심양면으로 강사교육을 진행했다. 이때는 필라테스 강사 양성 아카데미를 운영하기 전이었다.

언제나 그랬듯이 우리는 가능성 높은 강사들을 신입 강사로 채용하여 3~6개월 동안 신입 강사 교육을 지원하고 고객을 맞이

했다. 그런데 교육이 진행되고 있는 도중 한 강사가 건강이 급속도로 안 좋아지는 상황이 생겼다. 그리고 또 한 강사는 우리의 교육 과정이 힘들다면서 고통을 호소해 왔고, 또 다른 강사는 이 둘의 상황을 보면서 덩달아 마음이 싱숭생숭해진 듯 보였다.

3명의 신입 강사 모두 채용이 실패했음을 깨달았을 때는 이미 때가 늦어 있었다. 성수기는 시작되었고 고객 상담은 밀려오는데 강사가 준비되지 않아 관리팀은 말 그대로 비상이 걸렸다. 한 사람의 고객이라도 놓치지 않고 수용해야 하는 그 중요한 시기에 고객이 대기 중이라니. 그때 참 많이 고민했다.

'준비가 안 된 상태라 할지라도 고객을 수용할 것인가,
아니면 고객을 수용하지 않고 대기시킬 것인가?'

너무나 어려운 결정이었다. 고객을 수용하면 단기간 매출이 늘어나겠지만 양질의 레슨을 제공할 준비가 안 된 강사를 고객에게 내보일 수 없었다. 고객의 불만족은 뻔히 따라올 터였고 분명 문제가 발생할 것이었다. 그렇다고 고객을 대기시키자니 아깝기도 했다. 게다가 그해 하반기까지 버티려면 성수기 고객들이 필요했다.

이러지도 저러지도 못하는 상황에서 많은 고민 끝에, 나는 고객을 대기시키기로 했다. 너무나 괴로운 결정이었지만 고객에게 준비가 잘된 강사를 배정하여 최상의 레슨 서비스를 제공하고자 하는 마음을 포기하고 싶지 않았다.

그해 여름은 겨울처럼 서늘했다. 한여름 성수기에 고객은 대기하고 있었고, 신입 강사 교육의 압박을 이겨내지 못한 3명의 강사는 일은 시작해보지도 못하고 계약을 종료했다.

그때 주변 사람들은 꼭 그렇게까지 해야 하냐고 말했다. 고객이 잘 모를 수도 있으니까 눈 딱 감고 레슨을 배정해보라는 사람들도 있었다. 그러나 이 시간 이후로 트리니티는 오히려 더 확고해진 게 있다. 면접을 보고 합격한 다음 날부터 고객을 맞이할 준비가 되어 있는 강사만을 채용하는 것이다. 준비가 되어 있다는 것은 실력적인 면과 멘탈적인 면 모두 의미한다. 다소 실력이 준비되어 있지 않다 하더라도 실력 향상을 위한 트리니티의 내부 교육을 감당할 수 있는 멘탈이 준비되어 있다면 무방하다. 하지만 둘 다 없는 것은 곤란하다. 사람이 아무리 아쉬워도 그런 시행착오는 다시는 하지 않겠다고 결심했다. 애매한 사람이 아닌 확실한 사람을 찾는 데 에너지를 더 쓰기로 했다. 이 때문에 채용은 더 까다로워졌고, 면접 합격도 더 어려워졌다.

그러나 애매한 사람이 성장하기를 기다렸다가 그해 하반기의 영업 매출을 모두 날려버린 경험에 비추어보면, 사업의 지속은 결국 당장 한 해의 이익에 매몰될 것이 아니다. 더 멀리 고객의 신뢰를 얻어 몇 년을 이어질 내실이 중요하다. 우리의 판단은 지금 생각해도 매우 옳았다고 본다.

가격 할인 없이
600% 성장한 비결

사업 초기, 내가 하지 말자고 결심한 것이 있다.

- 가격 할인 이벤트를 하지 않을 것
- 직원들의 급여를 밀리거나 늦지 않을 것

너무나 당연한 것들 같지만, 실제로 사업을 해보면 생각보다 이 두 가지를 지키기 쉽지 않다. 전국의 필라테스 스튜디오 중에서 가격 할인 이벤트를 하지 않는 곳을 찾아보기 힘들 정도로, 할인 이벤트 전단지나 플래카드를 길거리 어디에서나 흔히 볼 수 있다. 자세히 들여다보면 가격 이벤트를 하지 않고는 생존이 불가능한 스튜디오도 보일 만큼 저가 경쟁이 치열해진 현실이다.

어느 날 전화 한 통을 받았다. 우리 아카데미를 수료한 졸업생이었다. 질문에 답변을 하다가 현재 그녀가 일하고 있는 스튜디오에 대한 소식을 묻게 되었다. 생계를 해결해야 하는 친구였음을 기억하고 있었기 때문에 급여는 잘 받고 있는지, 경제적으로 어려움은 없는지 물었다.

"저 일은 많이 하는데 한 달에 버는 돈이 얼마 없어요. 몸은 엄청 축나는데 생활비만 겨우 벌어요."

"수업을 많이 하는데 왜 수입이 그것밖에 안 되나요?"

"이번에 코로나로 2만 원이었던 강사료가 만 5천 원으로 깎였어요. 그리고 그것조차도 급여가 밀려서 두 달 동안 못 받았어요. 코로나여서 스튜디오 사정이 어렵다고 하시는데 뭐라고 말씀드리기가 어렵더라고요."

그 말을 듣는 순간 약간 짜증이 났다. 우수한 성적으로 아카데미를 졸업한 그녀가 왜 거기서 만 5천 원을 받고 수업을 하고 있는지, 그 급여조차 왜 몇 달치가 밀려 있는 건지 이해하기 어려웠다. 스튜디오가 고객을 유치하기 위해 가격 할인 이벤트를 하면 그 손실은 고스란히 강사의 몫이 된다. 고객이 내는 돈이 적어진

만큼 강사가 가져가야 하는 강사료도 적어지기 때문이다.

물론 모든 상황을 대표가 감당하는 경우도 있지만 그렇게 운영하면 스튜디오를 오래 유지하기는 어려울 것이다. 강사가 돈을 적게 받고 감당하나, 대표가 감당하다가 스튜디오를 폐업해서 강사가 실업자가 되나 상황은 마찬가지다.

상황이 힘들어서 가격 할인 이벤트를 해야 하고 먹고살기 힘들어서 그렇게라도 고객을 모아야 하는 대표들의 상황과 심정을 모르는 것은 아니다. 그러나 난 그들에게 냉정하게 묻고 싶다.

"가격 할인 이벤트만이 유일한 방법일까요? 정말 그 방법밖에는 없는 걸까요?"

내가 할인을 하면 뒤질세라 옆집에서도 할인을 한다. 그럼 지지 않기 위해서 나는 더 많은 할인을 해야 한다. 그러다가 몇 년 전 핫요가 시장이 단기간에 무너졌고 수많은 헬스클럽들이 사라졌다. 이젠 필라테스도 그 대열에 올라선 듯 보인다.

그러나 나는 2014년 트리니티 필라테스를 오픈한 이후 가격 할인을 단 한 번도 하지 않았다. 그럼에도 불구하고 600% 이상 성장했고 고객을 85% 이상 지켜냈으며 강사들의 급여는 단 하루도 밀린 적이 없었다. 업계 최고의 급여를 주지는 못했지만 계약한 금액과 날짜에는 한 치의 어긋남이 없었다.

이렇게 말하면 다들 궁금해한다. 도대체 가격 할인 없이 어떻게 성장을 하고 고객을 지켜냈는지 말이다. 우리는 가격 할인이라는 카드 대신 다른 일들을 했다. 고객에게 받는 금액이 고객에게 합당할 수 있도록 내부 핵심 역량을 키우는 데 최선을 다한 것이다. 좋은 인재를 채용하는 데 심혈을 기울이고, 채용된 강사들을 교육시키고, 내부 워크숍을 열고, 끊임없이 한 사람 한 사람의 장점이 극대화될 수 있도록 관찰하고 독려하고 성장시켰다. 그래서 시간이 걸리더라도 고객이 지불하는 돈의 값어치를 할 수 있는 강사들의 실력을 구축해나갔다.

그 첫 단추는 아카데미였다. 사실 아카데미는 강사 면접을 보다가 화가 나서 설립했다. 2014년 스튜디오 운영을 시작한 뒤 규모가 급격히 성장하면서 강사가 많이 필요해졌다. 이후 6개월간 80여 명이 넘는 강사의 면접을 진행했는데 그중 바로 다음 날부터 수업 진행이 가능한 사람은 3명 정도뿐이었다. 결국 3~6개월 동안 내부 교육을 해야 했다. 순익을 포기하면서까지 신입 강사 양성에 온 힘을 쏟았다. 그러나 오히려 우리가 교육을 잘 시켜준다고 소문이 나서 신입 강사 교육만 받고 '먹튀' 하거나 바로 창업을 하는 강사들이 생겨났다. 그런 상황들이 반복되며 내 마음이 지쳐갔다. 그렇게 5년을 보내고 결심한 것이 아카데미 정식 설립이다. 강사를 꿈꾸는 사람들이 첫걸음부터 잘 걸어나가 실전에서 고객을 놓치지 않는 실력 있는 강사로 성장하도록 하는 것, 그렇게 제 역할을 잘하는 강사가 많아진다면 트리니티에 오는 신입 강사들도 분명 값어치를 해낼 것이란 믿음이었다.

나는 아카데미의 커리큘럼을 기존 강사들과 연구하고 기획하여 지속적인 성장 동력을 구축해나갔다. 아카데미의 구축은 기존 강사의 성장과도 밀접한 연관성이 있었다. 후배들을 가르치면서 기존 강사들 역시 계속 성장해 고객을 만족시키는 강사들로 업그레이드되었다. 그렇게 기존 강사들은 더욱 발전하고, 신규 강사들은 처음부터 올바른 태도로 필라테스 강사로서 발을 딛게 되었다. 그들의 레슨 실력은 곧 고객들의 신뢰로 이어졌다.

이와 더불어 고객들의 신뢰를 증대시키기 위해 스튜디오의 청결 관리와 고객 관리를 철저히 했다. 이 관리는 담당 관리자만 해서는 역부족이다. 대표인 나는 물론이고 전 강사들도 협조해줘야 했다. 그래서 계속 소통했다. 신규 고객을 절대 놓치지 않기 위해 초기 상담부터 체험, 이후 컨설팅까지 전담 매니저도 교육해서 고객에게 무한 신뢰를 주는 상담이 될 수 있도록 노력했다.

또한 고객 재구매율의 80% 이상이 꾸준히 유지될 수 있도록 레슨 관리는 물론 고객의 경험 여정 관리, 스페셜 클래스인 '재능 기부 클래스'까지 열었다. 고객이 우리의 강사는 물론 트리니티의 문화까지 사랑할 수 있도록 성실하게 노력했다.

이런 노력이 글로만 전해지니 별것 아닌 것처럼 느껴질 수도 있겠다. 그러나 이런 일들은 가격 할인보다 더 많은 노력이 필요하고, 구성원 모두가 달려들어야 하며, 대표로서 절대 흔들리지 않는 뚝심도 필요하다. 단기간에 이뤄지지도 않기에 결과가 빛을 볼 때까지 인내도 해야 한다. 그러나 분명 이 과정들은 우리 스튜디오를 저가 경쟁 시대에서도 고객을 굳건히 지키는 힘이 되었다.

2019년 재능기부 강연 후 모인 기부용 생리대

강연료는 없지만 간혹 생리대나 베이비로션을 입장권으로 받아서
미혼모를 위한 기관에 보내는 특별한 기부를 하기도 한다.
고객들은 재능기부라는 강연을 선물받고
생리대를 기부하여 좋은 일도 하게 되니 마음 또한 따뜻해진다.
이런 시간은 서로에게 선물 같은 시간이 되곤 한다.
우리의 조건 없는 깜짝 선물이 고객들에게도
선물을 주고받는 경험이 되는 것이다.

코로나 위기에도
고객을 지킬 수 있었던 이유

　우리 나름의 노하우와 노력으로 스튜디오를 운영한 지 몇 년이 지나, 2020년 코로나 위기가 닥쳐왔다. 매일매일 체육업계가 무너지는 소리가 들려왔다. 내로라하는 유명한 스튜디오들도 하나하나 문을 닫고 있었다.

　나도 예외는 아니었다. 임대료와 관리비를 못 벌었고 직원들의 월급을 주기 위해 은행 대출을 받아야만 했다. 사정이 너무 어려워지니 '할인 이벤트를 딱 한 번만 해볼까' 하는 유혹에 잠깐 혹하기도 했다. 내가 이런 의중을 비치자 관리자들과 강사들이 갑자기 책상을 쾅 하고 내리쳤다.

　　"안 됩니다, 원장님! 이거 우리가 어떻게 지킨 가격인데,
　　지금 와서 할인할 수 없습니다. 우리가 고객님들 잘 지키
　　고 있을 테니 가격 할인하지 마세요."

이날을 영원히 잊지 못할 것이다. 스튜디오의 매출은 바닥을 치고 있었지만 난 이날 참 많이 행복했다.

'그래, 이런 친구들과 함께라면 코로나 할아버지가 와도
고객을 지킬 수 있겠다.'

그렇게 지독한 2020년을 팀원들과 함께 이리 뛰고 저리 뛰며 보냈다. 매일매일 고객을 지키기 위해 회의하며 성실한 일상을 보냈다. 그때 정리한 나만의 코로나 대응 전략들은 다음과 같다.

- 온라인 줌콜 레슨 '홈트필' 런칭: 실내체육업 업무 정지로 운동을 못 하는 고객들이 집에서도 운동할 수 있도록 온라인 클래스 론칭
- 스튜디오 리모델링: 노후화된 시설을 재빨리 리모델링하며 고객들에게 '고객이 절대 떠나지 않을 스튜디오, 계속해서 건강하게 운영될 스튜디오' 라는 신뢰감을 전달(스튜디오 운영을 하지 않는 기간임에도 레슨비를 미리 내려 오는 고객이 발생함)
- 스튜디오 정리정돈: 스튜디오의 모든 것을 정리정돈·라벨링하여 공간의 효율성을 높이고 비용 누수를 막음

- 강사 역량 강화 스터디: 코로나 이후 경제 불안정을 예측했고 고객들은 양질의 레슨에만 지갑을 열 것이라는 부분을 강사들과 소통하고 내부 강사 역량을 강화할 수 있도록 내부 스터디를 강화
- 사장의 공부: 코로나 기간 동안 매일 밤 10~12시까지 독서 및 글쓰기를 하며 미래 공부
- 사장의 운동과 명상: 거의 매일 러닝과 명상을 하며 버틸 체력과 마인드를 마련

~~~~~~~~~

코로나가 대유행이 된 후 고객들은 집으로 꼭꼭 숨어버렸다. 원래 운동을 즐겨하던 사람조차도 두려움에 꽁꽁 숨어버렸으니, 운동을 하고자 했던 예비 고객들은 계획했던 운동을 무기한으로 미루고 더 깊이 숨게 되었다. 실내체육업은 선금을 받는 업종이다. 기존 고객의 레슨 소진이 원활하게 이루어지는 것이 매우 중요하고, 신규 고객이 꾸준히 들어오는 것이 스튜디오 운영에 밑거름이 된다. 특히 코로나와 같은 상황 속에서는 신규 고객 등록 위주로 운영되는 스튜디오들은 저가 경쟁에 노출되고, 계속되는 가격 이벤트 속에서 신규 고객 유입에 어려움을 겪게 되고, 기존 고객을 지키지 못해서 이중고를 겪게 된다.

결국 횟수 소진(출석률)이 사업의 생명인 이 업종에선 큰 위기 속에서 살아남기 위해서는 신규 고객보다는 운동이 이미 습관이 되어 있는 기존 고객에게 의존도가 높아야 한다. 전염병으로 인해 출석을 주춤할 수 있지만 일정한 시기가 지나면 마치 관성처럼 다시 운동하러 돌아올 것이기 때문이다.

그래서 나의 코로나 대응 전략의 대부분이 기존 고객을 위한 온라인 레슨, 가정 방문, 스튜디오 리모델링과 정리정돈 등에 포커싱되어 있었던 것이다. 실제로 우리 스튜디오가 코로나에도 끝까지 버틸 수 있었던 힘은 기존 고객에 있었다. 스튜디오 총 고객의 85% 이상이 기존 고객이었기 때문에 이들이 계속 재구매를 해주면서 스튜디오의 지출을 감당할 수 있었다. 솔직히 코로나는 트리니티에는 재앙이 아니었다. 너무나 큰 기회였고 깨달음의 시간이었으며 더 단단해질 수 있는 계기였다.

그렇게 우리는 코로나를 이겨냈다. 워낙 건강한 스튜디오였기 때문에 회복하는 속도가 매우 빨랐다. 2021년 3월에는 강사들의 월급을 올려주고 고객이 내는 레슨 비용을 소폭 인상했다. 가격 인상은 고객 이탈을 가장 빨리 부르는 요인이지만, 우리의 서비스와 노력, 실력이 존중받기 위해서는 이런 결정을 내릴 수밖에 없었다. 실제로도 고객 이탈이 거의 제로에 가까울 만큼 아무런 클레임도 일어나지 않았다.

나는 필라테스 업계의 모든 대표들이 가격 할인을 하면서 제 살 깎아 먹는 결정을 하기 전에 딱 한 번만 고객이 낸 돈이 제값을 할 수 있도록 노력해보기를 권하고 싶다. 고객이 낸 돈이 전혀 아깝지 않은 서비스를 제공하려고 노력하는 것이다. 이 일은 누구 하나의 힘이 아니라 리더와 직원들의 노력이 함께 이루어진다면 무조건 가능하다.

눈 딱 감고 1년만 핵심 역량을 키워보자. 아무리 옆 학원이 할인을 해도 흔들리지 않는 고객층을 만들기 위해 후회 없는 노력을 꼭 해보자. 그런 노력을 해보지도 않고 할인 이벤트를 하고 직원들의 강사료를 깎고 그러다 적자가 나서 스튜디오 문을 닫는 일은 더 이상 없길 바란다.

같은 미래를 꿈꾸는
롤모델 기업이 있는가

사업을 할 때 롤모델 기업을 찾는 것은 인생의 롤모델을 찾는 것만큼 중요하다. 롤모델이란 내비게이션과 같다. 길을 잘 찾아가지 못하고 헤매게 되면 내 인생은 물론이거니와 월급을 줘야하는 직원들의 삶까지 위협할 수 있기 때문이다. 다만 아무 내비게이션이 아닌 내가 가고자 하는 혹은 가고 싶은 길을 훌륭히 걸어가고 있는 롤모델을 찾을 수 있는 안목이 필요하다.

세상엔 훌륭한 기업이 너무 많다. 내가 모르는 무수한 기업들 중에도 '훌륭한'을 넘어 '위대한' 기업들도 많을 것이다. 하지만 롤모델 기업이라는 것은 그 훌륭한 기업들 속에서도 내가 가고자 하는 기업 철학을 가지고 그 길을 이미 걸어간 기업이다. 그 철학은 매출일 수도 있고, 기업 문화일 수도 있고, 세상에 대한 기여일 수도 있다.

나에겐 룰루레몬이 바로 그랬다. 아주 오래전부터 나는 룰루레몬을 꼭 닮고 싶었다. 캐나다 밴쿠버에서 시작된 스포츠웨어 브랜드인 룰루레몬은 작은 요가 스튜디오에서 시작했지만 지금은 전 세계적으로 사랑받는 글로벌기업이 되었다. 시가총액이 BMW를 능가하고 전 세계의 젊은이들이 입사하고 싶은 기업 5위 안에 드는 영향력 있는 기업이다.

2011년 필라테스 강사를 준비하면서 운동복을 처음 입어볼 때부터, 2014년 필라테스 스튜디오 사업을 시작했을 때도 나의 롤모델 기업은 룰루레몬이었다. 처음 강사를 시작했을 때는 경제적인 여력이 없어서 룰루레몬 레깅스 바지 한 벌을 사서 고이고이 관리하고 아껴서 입었었다. 그 한 벌이 너무 소중했고 귀했다. 지금은 옷장 한쪽이 가득할 정도로 수많은 룰루레몬의 운동복들이 걸려 있다. 옷이 예전보다 훨씬 많아졌지만 지금도 소중하고 귀한 것은 마찬가지다.

아주 오래전부터 내가 닮고 싶었던 룰루레몬의 모습은 다음과 같았다. 첫 번째는 누구도 범접할 수 없는 제품 퀄리티다. 레깅스라고 모두 다 같은 레깅스가 아니다. 강사로 활동하면서 다른 브랜드의 레깅스도 여러 개 입어보았다. 그러나 룰루레몬을 만난 뒤에는 다른 어떤 레깅스도 입을 수 없었다. 레깅스뿐만 아니라 모든 종류의 의류와 다양한 소품들의 완성도가 남다르다. 입어보고 사용해본 사람들은 다 알 것이다. 브랜드의 철학, 원단, 제품 디자인, 뛰어난 디테일, 타제품 간의 호환성 등 제품의 핵심 경쟁력이 정말 대단하다. 어떻게 이런 부분까지 배려할 수 있을까 싶을 정도로 디테일까지 놀라운 제품들이 대다수다.

두 번째로 닮고 싶은 모습은 포용하고 소통하는 커뮤니티 문화다. 룰루레몬에는 '커뮤니티 클래스'라는 문화가 있다. 룰루레몬의 고객이 아니더라도, 룰루레몬의 옷을 사지 않더라도 누구나 선착순으로 커뮤니티 클래스에 참여할 수 있다. 다양한 장르의 전문가들과 함께 러닝, 요가, 필라테스, 복싱, 그 밖의 다양한 운동, 명상 등을 하고 그 외 다양한 경험을 해보는 클래스다. 나도 이 클래스에 게스트로 참여해보기도 했고 진행자로 리드를 하기도 했는데, 정말 의미 있고 재미있는 시간이었다. 이런 경험들은 고객에게 브랜드를 널리 알릴 수 있는 계기가 된다. 또 그 경험을 통해 브랜드를 사랑하는 팬들이 늘어나게 되는 좋은 선순환 구조도 생겨난다. 선한 의도에서 시작된 룰루레몬의 커뮤니티 문화는 나에게 영감을 주었으며 트리니티가 걸어가야 할 길에 이정표가 되었다.

비록 사업의 분야도 다르고 규모도 다르지만, 나는 룰루레몬에게서 배우고 싶었던 두 가지의 핵심 역량인 제품 퀄리티와 커뮤니티 문화를 벤치마킹했다. 우리의 상품은 유형적인 물건이 아닌 무형 자산인 레슨 서비스였으므로 레슨 자체의 퀄리티와 레슨 외적인 퀄리티에 대해 타협 없는 노력을 했다. 회사의 순익을 포기하더라도 강사들의 역량 강화에 많은 비용을 들였고, 내 에너지의 8할이 내부 역량 강화에 깊게 몰입되었다. 레슨 외적인 대면서비스, 공간의 청결, 기구 및 대소도구의 장비 구비 등의 퀄리티를 높이기 위해서 비용이 몇 배나 더 들더라도 세계적인 기구 전문 회사인 스탓필라테스 기구를 사용했고, 강사들의 독서 교육, 인문학 교육, 문화 교육을 통해 고객 서비스에 대한 부분도 세세하게 챙겨갔다.

앞에서도 강조했듯 공간에 대한 관리는 청소 이모님 혼자서만 할 수 있는 영역이 아니기 때문에 전 직원 모두와 고객이 함께 기구와 소도구를 정리하고 세척하는 문화를 만들어나갔다. 모든 것들이 손이 많이 가고 저절로 되는 일이 아니어서 피로하기도 하고 때론 지치기도 했지만 이 모든 것들이 우리 트리니티의 핵심 역량에 중요한 부분을 차지하기 때문에 어떤 순간에도 포기하지 않고 늘 성실히 해나갔다.

커뮤니티 문화에 대한 부분도 마찬가지였다. 필라테스는 고가의 운동이다. 그룹 레슨도 타임당 3만 원 이상의 비용이 발생하고 개인 레슨은 한 타임당 7~8만 원 정도의 비용이 든다. 사회적 경제적으로 어느 정도 여유가 없다면 쉽게 접근할 수 없는 운동이다. 우리 스튜디오만 보더라도 각 분야의 전문가인 의사, 회계사, 법조인 등이 주 고객층이고 사업가가 대다수다. 직장인이라 할지라도 고액 연봉자인 경우가 많다. 이러다 보니 상담을 하다 보면 몸의 회복이 필요함에도 불구하고 가격 때문에 레슨을 망설이는 고객을 접하기도 한다. 그럴 때면 마음이 씁쓸하다.

그래서 룰루레몬의 커뮤니티 클래스와 같은 스페셜 클래스를 열었다. 한 달에 한 번 정도 나와 강사들의 재능기부로 이루어진 스페셜 클래스를 진행하면서, 우리 고객이 아니더라도 선착순으로 신청만 하면 클래스를 경험해볼 수 있는 시간을 가졌다. 필라테스는 물론이고 러닝 클래스, 자녀 교육 클래스, 발 관리 클래스, 유대 인식 자녀 교육 클래스, 사상체질 클래스, 장애인을 양육하는 엄마들을 위한 클래스 등 다양한 프로그램을 준비했다. 프로그램의 준비는 강사들의 재능기부 혹은 스튜디오 수익금의 환원 구조로 이루어졌다.

스페셜 클래스를 통해서 우리 고객이 아닌 많은 분들도 찾아와서 필라테스를 경험할 수 있었다. 이를 진행하는 우리 강사들도 보람을 많이 느낀다며 매우 긍정적으로 스페셜 클래스에 참여했다. 우리는 스페셜 클래스를 진행하면서 비용을 받지 않았다. 때로는 비용 대신 생리대나 베이비로션 등을 지원받아서 미혼모를 위한 모임, 보육원에 기증하는 사회적 선순환 구조를 만들어나갔다.

이런 과정들이 스튜디오의 매출에 직접적인 기여를 하지는 않았다. 어쩌면 매출을 올리고 영업할 시간과 인력을 스페셜 클래스에 할애하면서 스튜디오의 매출 향상에 방해가 되었을 수도 있다. 우리는 대기업이 아니기에 인력이 항시 부족하고 이런 행사를 할 때마다 직원들이 일당백을 해야 하기 때문이다. 그러나 우리는 수년간 스페셜 클래스를 멈추지 않았다.

그 결과 사람들은 트리니티를 사랑하고 믿게 되었고 이런 문화를 보고 입사를 지원하는 좋은 인재도 늘어났다. 조금 더 오프라인 모임이 활발해지면 우리는 또 스페셜 클래스를 시작할 것이다.

**스트레칭과 홈 트레이닝
재능 기부 특강**

건강한 라이프스타일을 전파하기
위해 기꺼이 스페셜 클래스를
열었다. 시기에 맞게, 그간의 후기와
피드백에 맞추어 스페셜 클래스의
내용을 변경하고 있다.

내 사업이 더 좋은 사람이
되고 싶게 하는가

———

내가 닮고자 했던 룰루레몬의 기업 철학을 그렇게 수년간 따라 하면서 성장하던 어느 날이었다. 2018년 봄, 룰루레몬이 롯데월드 잠실 스토어에 입점했다.

룰루레몬은 스토어에 입점하면 그 지역 커뮤니티에서 룰루레몬과 함께 성장하고 소통할 홍보대사인 앰배서더Ambassador를 찾는다. 룰루레몬 앰배서더란 룰루레몬의 커뮤니티를 움직이는 심장과 같은 존재로 룰루레몬의 제품, 문화, 커뮤니티에서 브랜드의 모든 것들 대변하고 영감을 주는 존재다. 유명 연예인이나 홍보에 도움이 될 만한 인플루언서를 찾기보다는 룰루레몬의 철학을 함께할 수 있는 동반자를 찾아가는 데 무게를 두고 있다.

그런데 그해 봄, 나는 잊지 못할 프러포즈를 받았다.

"우리의 앰배서더가 되어주세요."

룰루레몬 잠실 스토어팀으로부터 받은 앰배서더 프러포즈는 내 인생의 두 번째 프러포즈였다. 첫 번째는 파리 몽마르뜨 언덕에서 남편에게 받은 것이고, 두 번째가 룰루레몬에게서 받은 것이다. 스포츠업에 종사하는 사람으로서 가장 영광스러운 날이었고 책임감이 생기는 날이기도 했다.

3년이라는 시간 동안 룰루레몬의 앰배서더로 활동하면서 룰루레몬의 제품 지원, 운동 지원, 우리 사업에 대한 지원, 직원 교육에 대한 지원, 트리니티 고객을 위한 행사 지원 등 열거하기도 어려울 만큼 많은 지원을 받았다. 너무 많은 지원을 받아서 보답하고 싶은 마음에 내가 해야 할 일을 물으면 그들의 대답은 항상 이랬다.

"지금까지 살던 모습으로 살아주시면 돼요."

이렇게 멋진 기업이 있을까? 예전에도 룰루레몬을 사랑했지만 앰배서더로 활동하면서 이 브랜드를 더 많이 사랑하게 되었다. 룰루레몬에게 감사한 일이 참으로 많지만 그중에서도 기억나는 일이 하나 있다. 2021년 전 세계가 코로나로 많은 아픔을 겪고 있을 시기였다. 그 어떤 상황에서도 흔들리지 않았던 트리니티마

저도 계속되는 영업 정지에 많은 어려움을 겪고 있었다. 2021년 여름, 룰루레몬은 코로나로 어려움을 겪고 있는 앰배서더들을 위한 릴리프펀드를 만들어 긴급 지원 정책을 발표했다. 사실 이 정책이 발표되었을 때 깊은 감명을 받았다. 그 수혜자가 내가 안 된다 하더라도 이런 결정을 할 수 있는 기업의 앰배서더라는 것만으로도 자랑스러웠다.

며칠이 흐른 후 나는 한국에서 선정된 3명의 릴리프펀드의 수혜자가 되었다. 너무 감사했다. 미화로 1만 달러를 지원받았고 나는 이 지원금의 일부를 내부 직원들과 강사들에게 환원하고 나머지는 스튜디오의 임대료와 관리비로 사용했다. 감사하고 자랑스러워서 영원히 기억하고 싶은 일이다. 단순히 돈을 받아서가 아니라 이토록 멋진 브랜드의 앰배서더라는 것, 그래서 생겨난 책임감, 더 좋은 사람이 되어야겠다는 동기부여는 삶에 대한 나의 가치관을 성숙하게 해주었다.

이제 나는 3년간의 임기를 마치고 레거시 앰배서더가 되었다. 레거시 앰배서더란 앰배서더의 임기를 마친 앰배서더를 의미한다. 한번 앰배서더는 영원한 앰배서더라는 말이 있다. 임기를 마친 사람들은 레거시가 되고 각기 다른 분야의 전문가들이 새로운 앰배서더가 될 수 있는 선순환 구조를 가져가는 것이다. 비록 정식 임기는 마쳤지만 오히려 더 부담 없는 마음으로 더욱 성숙한 마음으로 룰루레몬을 사랑하고 지원하고 싶다.

내가 받았던 과분한 사랑을 모두 돌려주려면 앞으로 10년은 넘게 보답해야 할 것만 같다. 그리고 나는 그 보답의 첫걸음이 내실이 탄탄한 트리니티 운영, 우수한 필라테스 강사를 양성하는 것, 고객의 건강 습관을 유지하기 위해 무한한 노력을 하는 것에서 출발한다고 믿는다.

8장

프렌드십

"어떻게 고객과
끈끈한 관계를 맺을까?"

테크닉보다
더 중요한 것

강사 A와 B가 있었다. A 강사는 연예인만큼 화려하고 아름다운 외모를 지니고 있었다. 수상도 했을 만큼 실력도 뛰어나고 경력도 화려했다. 또한 무용을 전공한 만큼 신체 움직임의 능력도 뛰어나고 레슨의 퀄리티가 아주 훌륭했다. A 강사는 실적도 괜찮았고 고객에게도 인정받았다. 그래서인지 자신감이 대단했다.

B 강사는 A 강사와는 분위기가 사뭇 달랐다. B 강사는 헬스클럽에서 GX그룹 강사로 활동하다가 40대가 지나 늦은 나이에 필라테스를 시작했다. 외모는 아이를 낳고 고생을 많이 해온, 어디서나 쉽게 찾아볼 수 있는 수수한 느낌이었다. 아직은 필라테스를 시작한 지 얼마 되지 않아서 레슨도 서투르고 부족한 부분이 많았다. 심지어 경제 형편도 넉넉지 않아 값비싼 운동복도 사 입을 수가 없어 강사로서 적합한 의상을 갖추는 부분이 미흡했다.

한 사람은 겉으로 보기에도 실력적으로도 화려한 날개를 달고 있었고, 다른 한 사람은 겉모습도 실력도 초라한 상황이었다. 이 둘의 이야기를 들으면 누구나 이렇게 생각할 것이다. 실력도 뛰어나고, 외모도 아름답고, 경력도 많은 A 강사의 성과가 훨씬 더 좋을 것이라고.

그러나 정말 놀랍게도, 누구도 신경조차 쓰지 않고 주목받지 않았던 나이 많은 B 강사의 실적이 압도적으로 좋았다. 매출 실적, 고객 만족도, 재구매율에 있어서 전무후무한 결과치를 만들어낸 것이다.

당시 기존 강사들은 B 강사를 약간 무시하는 경향이 있었다. 그녀는 나이도 많았고, 실력도 부족했고, 행색도 초라했으니까. 그래서인지 B 강사의 압도적인 성과에 타 강사들은 물론 나도 매우 놀라지 않을 수 없었다. 나는 어떻게 된 일인지 알고 싶어 그날부터 그녀를 유심히 관찰했다.

B 강사는 관찰하면 관찰할수록 매 순간 놀라움을 안겨주었다. 그녀는 매일 큰 보온병을 들고 출근했는데, 하루는 그 보온병에 무엇이 들어 있냐고 물었다. 그녀는 활짝 웃으며 대답했다.

"우리 ○○고객님이 몸이 차가워요. 몸이 찬데 상사가 너무 스트레스를 준다고 하네요. 이따가 퇴근하고 오시면

운동하기 전에 따뜻한 차라도 한잔 드리고 수업하려고
요."

고객 챙기는 일이라면 나도 어디 가서 지는 사람이 아닌데 B
강사는 매일 이런 식으로 고객을 챙기고 있었다. 또 하루는 그녀
가 이런 부탁을 하기도 했다.

"원장님, 수업 사이에 간격을 30분으로 할게요. 매 시간
수업을 잡아주지 않으셔도 돼요. 저는 시간 간격을 충분
히 두고 고객을 수용하겠습니다."

사업을 시작할 때도 그리고 지금까지도 이런 부탁을 하는 강
사는 단 한 명도 없었다. 보통 프리랜서 강사들은 매시간 레슨을
하고 레슨을 진행한 시간만큼 돈을 번다. 그래서 대개는 수업을
50분 진행하고 10분 쉬고, 그다음 수업을 바로 진행하는 식으로
일을 한다. 한 시간이 비면 그 시간은 수입이 발생하지 않기 때문
에 최대한 비어 있는 시간 없이 수업을 진행하길 원한다. 이렇게
매시간을 쉬지 않고 수업을 해도 모자를 판에 B 강사는 30분을
쉬겠다고 하니 너무나 의아해서 그 이유를 물어보았다.

"수업을 마치고 나면 오늘 수업은 어땠는지 고객과 충분히 대화도 나누어야 하고, 집에서 할 운동도 알려줘야 하고, 식단에 대해서도 가이드를 드려야 하는데 쉬는 시간 10분으로는 부족해요. 저는 충분한 시간을 가지고 고객과 소통하고 싶어요. 돈은 제가 열심히 하면 저절로 따라온다고 생각합니다."

나는 또 한 번 놀랐다. 그녀는 다른 강사들과 조금 달랐다. 어쩌다 고객이 시무룩한 표정으로 스튜디오에 들어오면 그날 레슨을 과감히 접고 고객과 떡볶이를 먹으러 가기도 하고 맥주를 마시러 가기도 했다. 그녀의 가방 속은 고객들의 긴장을 풀어주기 위한 아로마오일과 각종 근막 이완 도구들도 가득 채워져 있었다. 고객이 과도하게 스트레스를 받은 상태거나, 운동만으로는 해결이 안 될 만큼 몸이 많이 뭉쳐 있을 때는 어김없이 가방에서 각종 도구와 아로마오일을 꺼내서 고객들과 담소를 나누며 뭉친 근육을 풀어주었다. 그리고 나면 고객은 찌푸린 표정이 온데간데없이 사라지고 밝아진 안색으로 활짝 웃으며 감사하다는 말을 남기고 집으로 돌아갔다. 필라테스 강사와 고객과의 관계가 아니라 아주 오랜 친구 사이같이 정다운 모습이었다.

B 강사가 해나가는 결정들과 사소한 행동들은 나에게 큰 영감을 주었다. 당시 나는 스튜디오 운영 초기였고, 강사를 채용할 때의 기준은 첫째도 실력, 둘째도 실력이었다. 오로지 필라테스 테크닉에 대한 평가만으로 강사를 채용했고 입사 이후에도 테크닉을 최고조로 끌어올리기 위해서 내 시간과 열정을 쏟아붓는 데만 많은 노력을 기울이고 있었다.

그런데 그녀의 모든 행동은 파격적이었다. 레슨을 하지 않고 맥주를 마시러 가기도 하고, 연강 레슨을 거부하는 요청들은 지금까지 경험했던 일반적인 강사들의 모습과 달랐다. 다른 강사들은 그녀의 초라한 외모와 부족한 실력을 무시하고 존중하지 않았지만 그녀는 누구보다 고객과 깊은 신뢰와 우정을 쌓아가면서 압도적인 성과를 내고 있었다.

고객이 레슨을 마치면 문 밖으로 나와 멀리 배웅을 나가고, 레슨이 끝난 후에도 그 고객을 위해 무엇을 더 할 수 있을지 늘 고민하는 그녀의 모습은 나에게 영감이 되었다. 고객과 친구가 되는 프렌드십에 대한 트리니티의 철학을 몸소 보여준 그녀의 태도가 지금도 기억에 남아 있다.

고객과
우정까지 나눌 수 있는가

―――――

　우정을 나눈 사이는 금전적 이득을 초월하는 무언가가 있다. 친구가 아프면 내 마음도 편치 않아 뭐라도 도와주고 싶어지고, 친구가 속상하면 열 일 다 제쳐 두고서라도 달래주고 싶고, 친구가 힘들고 지치면 마음이 편안해지는 차를 한잔 타주고 싶어진다. 이런 게 우정 아닐까?

　나에게도 오랜 친구가 있다. 그녀도 내가 힘들거나 지칠 때 자신의 아파트의 집문서는 언제든 나에게 열려 있으니 사업이 잘 안 되거나 힘들 때도 걱정하지 말라고 한다. 어떤 힘든 일에 처하더라도 직원 월급 몇 달치와 임대료는 다 자신이 해결해주겠다고도 했다. 지키지 못할 약속을 입 밖에 내는 친구가 아닌 것을 알기에 그 말은 나에게 정말 든든한 힘이 되었다(그러나 무슨 일이 있어도 난 그녀의 집문서에 손을 대지 않을 것이다).

　나는 좋은 친구 사이에서 느껴지는 온기와 배려를 트리니티에서도 얻을 수 있길 바랐다. 그래서 이후로 우리 스튜디오의 신입 강사 교육은 많은 부분이 바뀌었다. 특히 테크닉에만 초점을 두었던 교육에서 프렌드십에 대한 부분도 반영된 교육으로 변화했다. 고객을 친구처럼 챙기는 사례나 노하우들을 공유하고 우리가 가르쳤던 테크닉의 구석구석에 고객과의 신뢰와 우정을 쌓을 수 있는 방법을 나누었다. 물론 프렌드십을 교육으로 완성하기는 어렵다. 죽마고우가 아플 때 밤늦은 시간이라도 닫힌 약국 문을 두드려 약을 사 달려가는 그 마음을 배운다고 얻을 수 있는 건 아니다. 그래서 단순하게 그냥 고객과 친구가 되자고 한다. 그러한 인성이 이미 있는 사람이어야 가능한 일이지만 트리니티의 사업 철학을 이해하는 사람이라면 분명 고객과 친구가 되는 법을 스스로 터득할 수 있다.

우정을 기반으로 친구가 되자는 철학은 지금의 트리니티로 성장하는 데에 큰 동력이 되었고 고객을 지키는 힘을 견고하게 쌓아 나가는 노하우가 되었다. 필라테스를 잘 가르치는 선생님이라는 존재를 넘어서서 때로는 술친구가 되어주고, 말동무도 되어주고, 오랜 베프가 되어주기도 하는 그런 강사들이 스튜디오에 많아졌기에 불황에도 끄떡없이 고객을 지킬 수 있었다. 고객은 단순히 강사와 운동을 하기 위해서 스튜디오를 방문하는 것이 아니라 친한 친구를 만나는 기쁨으로 우리를 찾아오기 때문이다.

트리니티 필라테스의 재구매율은 85%에 이른다. 이 결과는 필라테스 테크닉과 프렌드십을 바탕으로 서서히 이뤄지게 되었다. 그리고 나는 꿈을 꾼다. 트리니티에서 운동을 시작한 고객들이 건강한 삶으로 나아가고 이어 그 고객들의 가족, 친구, 지인들까지도 건강한 삶을 위해 찾아오는 그런 스튜디오가 되는 것. 우리는 신규 등록 이벤트 때만 즐거운 스튜디오가 아니라 자주, 오랫동안, 어쩌면 백발노인이 될 때까지도 함께할 오랜 친구 같은 스튜디오가 될 것이다.

고객이 최선의 선택을
하도록 돕는다

트리니티 아카데미는 예비 필라테스 강사를 모집하기 위해서 교육 설명회를 한다. 일종의 입시 설명회와 같은 개념이라고 생각하면 된다. 보통은 개별로 교육 상담을 하는 것이 일반적이지만 교육 상담이 90여 분으로 길게 진행되는 데다가, 상담 문의가 많아서 일일이 개별 상담을 해줄 시간적인 여유가 충분하지 않다. 때문에 예비 강사들을 모아서 설명회로 진행하고 있다.

교육 비용이 고가인 데다가 한 사람의 인생을 바꾸는 중요한 문제이기 때문에 개별 상담으로 초집중을 해도 모자람이 없을 텐데, 다수를 대상으로 설명회를 한다는 것이 납득되지 않을 수도 있다. 그럼에도 우리는 1대 다수로 설명회를 진행하고 있고 매년 매회 교육이 조기에 마감되는 실적을 내고 있다. 그 비결은 무엇일까?

상품 퀄리티에 대한 언급은 너무나 기본적으로 당연히 갖추어야 하는 조건이니 생략하도록 하겠다. 우리는 설명회를 기획하고 홍보하기도 전부터 미래에 우리를 찾아올 예비 교육생들에 대한 한 가지 바람을 갖는다. 우리가 만나고 싶은 좋은 예비 강사들, 기꺼이 우리의 지식을 아낌없이 내어줄 수 있는 좋은 사람들에 대해서 말이다. 아직 만나지도 않았고 전화 한 통 걸려 오지 않았지만 그런 사람이 찾아오기를 바란다.

그리고 설명회의 예약이 시작된다. 예약이 시작되고 설명회가 다가오면 곧 만나게 될 사람들에 대한 생각을 한다. 이때 '이 사람이 빨리 등록하게 해주세요', '교육이 조기 마감되게 해주세요'라는 생각은 하지 않는다. 다만 우리 아카데미를 찾아올 수많은 예비 강사들이 진정으로 우리와 연결되기를 바란다. 그리고 영업적으로 그들을 현혹시키려 하기보다는 그들의 삶에 도움이 되는 아카데미가 되길 바라는 태도를 갖도록 노력한다.

이런 의도를 가지다 보면 때로는 오늘 바로 등록하겠다는 사람을 돌려보내는 일이 생기기도 한다. 즉각적으로 매출을 올릴 수 있는 상황 속에서도 그 선택을 마다하게 되는 상황이 발생하는 것이다. 그 사람을 위해 원래 회사에 돌려보내 하던 일을 더 충실히 하라고 하는 등 일반적인 고객과 아카데미의 관계를 뛰어넘어 그 사람의 인생을 위한 선택을 도와주는 상황까지 생기기도 한다.

한 친구가 생각난다. 아카데미에 강사 교육 상담을 왔었고 계약금을 내고 등록을 한 친구였다. 그런데 교육 시작을 얼마 앞두고 건강상의 이유로 환불을 요청해 왔다. 교육 시작일이 얼마 남지 않았기 때문에 환불을 하게 되면 그 자리를 비워서 가야 할수밖에 없는 매우 난감한 상황이었다. 그러나 친구의 사연을 들어보니 상태가 생각보다 좋지 않았고 우리가 조금 손해를 보더라도 그 친구의 상황을 존중해야겠다는 생각이 들었다. 환불을 진행하는 과정에서 통화를 하며 이런저런 고민을 나누게 되었다. 그때 그 친구에게 조금이나마 도움이 될 수 있는 멘토링을 해주었다. 손해는 발생했지만 신속히 환불해주었다. 그 이후 이 친구는 최근까지도 종종 소식을 전해온다. 우리는 그렇게 서로에게 도움이 되는 존재가 되어 마음을 소통하고 있다.

훗날 그 친구는 환불할 당시 건강 문제로 하고 싶었던 일을 포기해야 하는 상황에 절망했지만 나와의 통화로 삶의 에너지를 얻었고 힘겨운 시간을 버틸 수 있었다고 말했다. 별로 해준 것도 없는데 큰 힘이 되었다고 하니 나 또한 새로운 삶의 보람을 느낄수 있었다.

고객을 위한 선택들은 즉각적인 매출 확대로 연결되지는 않지만 오히려 더 깊은 신뢰로 연결되어 생각지 못한 결과를 만들기도 한다. 나도 모르는 해남 땅끝마을에 사는 분이 교육생을 소개해주기도 하고, 상담을 진행하다가 펑펑 울면서 인생 여정을 듣기도 하고, 아카데미에 대한 신뢰가 깊어져서 본인의 친구 5명을 한꺼번에 데려오는 분도 만나게 된다. 우리가 한 일은 그저 그 사람을 위한 조언을 해주고 도움을 준 것뿐인데 오히려 이것이 중장기적으로는 우리 아카데미의 사업을 더 부흥시켜주는 결과를 낳은 것이다.

이는 아카데미에서뿐 아니라 스튜디오에서도 그렇다. 고객과 처음 만나기 전날, 체험 수업을 앞두기 전날, 인수인계를 받은 고객을 만나기 전날은 강사들이 밤잠을 이루지 못할 정도로 부담스러운 날이다. '내일 실수하면 어떡하지?', '내일 등록 안 하거나 클레임이 들어오면 어떡하지?'라는 걱정을 안고 잠자리에 들기 쉽다. 하지만 그보다는 내일 만날 고객에게 필요한 것을 차분히 생각해보고 내가 아닌 그 고객을 위한 선택을 할 수 있는 배려와 용기를 갖는 게 더 큰 도움이 된다. 설령 등록을 적극 추천하지 못하는 일이 발생하더라도 말이다.

트리니티는 이렇게 일해왔고 이 결과는 오랜 기간을 두고 수치로도 증명될 만큼 파워를 발휘했다. 트리니티를 창립한 후 코로나 위기를 겪으면서도 연매출이 600% 성장했고, 고객 재구매율이 85%에 이르렀다. 신규 홍보, 파워링크 홍보, 신규 할인 이벤트를 진행하지 않고도 이뤄낸 성과이다.

이 책을 읽는 많은 사람들이 이 생각의 효과를 꼭 경험하길 소망해본다. 내가 원하는 것이 아닌 상대방이 원하는 것에 집중하는 태도를 실천한다면 오랜 기간을 두고 놀라운 성과를 달성할 수 있을 것이다.

9장

학습

"어떻게 위기에
강해질 수 있을까?"

활용하지 않은 지식은
내 것이 아니다

꼭 성장시키고 싶은 강사들이 있다. 현재 일도 잘하고 있고 고객 레슨도, 고객 케어도 잘하고 있지만 그 수준에서 멈추지 않고 더 큰 그릇으로 성장시키고 싶은 인재들 말이다. 그런 인재들이 내 레이더망에 들어오면 늘 하는 것이 있다. 교육을 듣게 하고 그 교육 내용을 정리하여 글을 쓰게 하거나 자료를 만들게 하고 더 나아가 누군가를 가르쳐보게 하는 것이다.

대부분의 강사들은 성장하고 싶은 마음에 교육을 이것저것 찾아서 듣는다. 그리고 주말마다 새로운 메소드와 트레이닝을 섭렵하면서 성장한다. 평일과 주말까지도 일을 하면서 주말에 교육을 찾아다니며 수강하는 것은 엄청난 노력과 열정이 필요한 일이다.

그러나 여기에서 놓치지 않아야 할 것이 있다. 바로 '강구실용'의 자세이다.

강구실용[講究實用 / 외울 강, 연구할 구, 열매 실, 쓸 용]
외운 것을 깊이 연구하여 열매를 맺고 썼는가에 대한 자세

　강구실용은 실학파의 기본 정신이며 다산 정약용 선생님이 강조했던 정신이다. 물론 나도 교육을 쇼핑하듯이 구매했던 시절이 있었다. 한참 필라테스 강사로 일할 적에는 주말마다 모든 종류의 워크숍과 세미나를 섭렵하며 마치 굶주린 사자가 먹이를 사냥하듯이 교육을 들었다. 사업이 성장하면서부터는 사업 교육, 마케팅 교육, 리더십 교육, 인문학 교육, 독서 교육, 브랜딩 교육, 명상 프로그램, 경영학 논문 교육 등 교육을 듣지 않으면 뒤처지고 성공하지 못할 것 같아서 많은 스승을 만나 강연을 들었다.
　그러던 어느 날 문득 이런 생각이 들었다.

　'나는 지금 교육을 들으면서 성장하는 중일까? 아니면
　교육을 듣고 있다는 안도감만 느끼고 있는 것일까? 나는
　교육을 듣고 충분히 사색을 거쳐 내 것으로 만들고 활용
　하여 적용하고 있는 걸까?'

　내가 매우 존경하는 스승 중 한 분인 트루스그룹 윤소정 대표

님은 책을 읽거나 교육을 듣기만 하고 스스로 사색한 후 글로 쓰거나 활용하지 않으면, 그것은 밥을 먹고 대변을 보지 않는 것과 똑같다는 의미심장한 말을 남겼다. 그러고 보니 나는 오랜 시간 교육을 듣고 내 프로필에 한 줄 한 줄 추가해나갔음에도 그 시간만큼의 사색은 부족했으며 글로써 혹은 자료로 정리해서 강구실 용을 하지는 않았다.

문득 부끄러워졌다. 난 오랫동안 밥만 먹고 대변을 보지 않아 변비에 걸린 상태였을지도 모른다는 생각이 들었다.

그 이후 잠시 교육 듣기를 중단했고 그동안 받은 교육들을 되뇌면서 사색을 하고 나 자신과 대화하는 시간을 가졌다. 그리고 내가 하는 사업에 사색한 것들을 적용해서 자료를 만드는 일도 해나갔다. 그동안 들었던 강연의 자료를 정리해서 필라테스 사업에 적합하도록 PPT를 만들어 강사 교육에 접목시키기도 하고, 경영자 코스에서 경험했던 멘토링 과정이 많은 도움이 되어 우리 아카데미에 바로 적용시키기도 했다. 책을 읽을 때는 읽고 이해하는 것에만 그치지 않고 그것을 어떻게 내 사업에 적용시킬지에 대해서 글로 쓰고 실천 방향을 모색했다.

그 깨달음이 있고 나서부터는 그동안 내가 한 실수를 나의 강사들이 되풀이하지 않기 위해 배우고 익히고 외우고 자료를 만들어 누군가를 가르쳐보는 과정을 꼭 가져보기를 권장하고 리드한다. 그러지 않으면 프로필에 여러 줄이 있어 좋아 보이지만 정작 온전한 자신의 것은 아무것도 없는 껍데기만 화려한 사람이 될 수 있다.

아카데미 교육생이 필라테스 강사 교육을 모두 마친 후 당당히 시험에 합격을 하고, 이후 취업 면접에 합격하여 강사로서의 첫발을 내딛고, 많은 고객의 케이스를 경험하고 도전하며 점차 시니어 강사로 성장하고, 고객에만 국한되지 않고 후배들을 양성할 수 있는 교육 강사로 업그레이드하고, 그렇게 한 걸음씩 성장하는 과정을 지켜보는 일은 내 인생에 가장 의미 있는 일이다.

물론 그들이 성장할 때 내가 정체되어 있으면 안 되기에 나도 오늘 배운 것을 강구실용하기 위해 노력할 것이다. 실제로도 이러한 생각을 바탕으로 근원에 대해 생각을 나누고 기록하는 조직문화를 전파해나가고 있다. 트리니티의 문화&비전 교육, 고객관리&행정 교육, 실전 레슨 데모 연습 모두 이러한 독특한 문화를 토대로 이루어진다.

왜 해야 하는지 알아야
행동으로 이어진다

한 회사의 일일이 열거할 수도 없는 방대한 매뉴얼을 직원들에게 어떻게 숙지시킬 수 있을까? 나는 외우게 하고 검사하는 방식이 아닌, 그 매뉴얼이 생겨나기까지의 근원, 즉 그 처음 생각을 나누면 매뉴얼 숙지보다 더 좋은 결과를 낳을 수 있다고 믿는다. 방법을 알려주기 이전에 왜 그 방법을 알아야 하는지에 대해 나누고 같은 목적을 함께 아는 것이 가장 중요한 것이다.

인사를 예로 들어보겠다. 인사에 대한 매뉴얼을 정리할 수 있을까? 스튜디오 초창기에는 인사에 대해 오랫동안 공을 들여서 매뉴얼로 정리하려고 했었다. 그러나 인사 방법이 너무나 다양하고 상황에 따라 다르다 보니 매뉴얼로 정리하는 데 한계가 생겼다. 정리하는 것도 어려웠지만 함께 일하는 직원들의 피로도도 높아지고 있었다.

눈을 마주칩니다.

'솔' 정도의 높이로 합니다.

입만 웃지 않고 눈도 같이 웃습니다.

입꼬리는 올립니다.

머지않아 벽에 부딪혔다. 대면서비스업이 기반이었기 때문에 매일매일 발생하는 수많은 변수에 대한 매뉴얼을 완성한다는 것이 사실상 불가능했다. 더불어 그것들을 일일이 교육하는 것도 쉽지 않았다. 설령 매뉴얼을 만들고 교육을 완료했다고 하더라도 그것이 직원들의 행동으로 연결되지 않는 것이 문제였다.

몇 년의 시간이 흐른 후 우리는 매뉴얼을 만드는 것을 과감히 생략하기로 했다. 대신 인사의 의미, 강사들의 생각, 트리니티의 생각, 인사에 대한 기분 좋았던 혹은 언짢았던 경험들, 인사에 대한 방법 등에 대해 나누고 서로의 생각을 공유했다. 더 나아가 인사를 통해 우리가 얻을 수 있는 정량적 수입의 가능성, 인사가 이루어지지 않았을 때 우리가 잃게 될 것 등에 대해서도 이야기를 나누었다. 텍스트를 읽고, 스스로 생각하고, 서로 대화를 통해서 본인이 깨닫고 나아가야 할 방향에 대해 글로 기록하게 했다. 그리고 어떻게 적용할지에 대해서도 함께 생각을 나누었다. 글로 정리를 하게 한 이유는 서로의 생각들이 생각에서 끝나는 것이 아니라 글로, 말로 정리가 되고 누군가에게 전달할 때 확실하게 내 것이 되기 때문이다.

자신이 생각하는 부분들과 방법들이 회사가 정해놓은 매뉴얼과 비록 다르다 할지라도 본인이 정의하고 결정한 것들이라면 행동에 주체성이 생긴다. 주입식이 아니라 주체적으로 결정한 부분이기 때문에 비록 그것이 정형화된 방식은 아닐지라도 자기만의 철학을 가진 행동을 가져올 수 있다. 누군가의 인사는 '솔'일 수도 있고, 누군가의 인사는 가만히 손을 잡는 것일 수도 있다. 또 누군가의 인사는 포옹일 수도 있고, 혹은 사탕 하나일 수도 있다. 무언가에 대해 정해서 매뉴얼화하는 순간 어쩌면 그 의미가 퇴색될 수도 있고, 무언가를 정하지 않았음에도 불구하고 오히려 본질에 충실할 수도 있는 그런 상황이 되기도 한다.

중요한 것은 우리가 가야 할 지점이 어디인지 그 기본이 되는 생각을 서로 아는 것이고, 그 방법들은 스스로 찾아나가야 한다. 누구나 성공하고 싶고, 돈을 많이 벌고 싶고, 인기가 많은 강사가 되고 싶다. 그러나 그것들은 바람만으로는 부족하다. 그래서 우리는 그것들을 이룰 수 있는 이론적인 혹은 실질적인 근원에 대해서 공부하고 각자 그 길을 찾을 수 있도록 방향을 잡고 있다.

물고기를 주는 것이 아니라 물고기를 잡는 방법을 알려주는 교육으로 발전해나가고 싶은 것이 나의 바람이다.

필라테스 강사가 되기 전
반드시 생각해야 하는 것

요즘 필라테스가 대세다. 필라테스 스튜디오가 새로 지어지는 건물에 1~2개씩은 무조건 입점할 정도로 호황이다. 필라테스 강사를 희망하는 사람도 부쩍 늘었다. 성적에 맞추어 전공을 선택했다가 돈을 벌기 위해 직장 생활을 하다가 몸과 마음의 병을 얻어 필라테스를 만나서 필라테스에 흠뻑 빠져 강사로 전향하고자 하는 예비 교육생도 많아지고 있다. 나 또한 그런 케이스였기 때문에 나와 비슷한 예비 교육생들의 니즈에 공감하는 부분이 있다.

그러나 필라테스 강사라는 직업은 의사나 물리치료사와 영역은 다르다 할지라도 고객의 건강을 케어하고 지키는 직업이기 때문에 철학과 사명을 지니고 성실하게 공부하는 것이 중요하다.

아쉽게도 요즘은 필라테스 교육을 단기 속성으로 진행하는 곳이 많아 너무나 쉽게 자격증을 발급받아서 강사가 되는 사람들을 종종 보게 된다. 면접을 볼 때 깜짝 놀란 적도 한두 번이 아니다. 아직은 고객을 만나기엔 기본기가 부족한 강사들이 필드에서 활동을 하고 있다니, 나로서도 걱정이 되는 부분이다. 결국 준비되지 않는 강사를 만나서 피해를 보고, 돌이킬 수 없는 상황을 감수해야 하는 사람은 고객이기 때문이다.

나는 필라테스 스튜디오를 운영하면서 반드시 고객을 지키는 것에 중점을 두었다. 고객이 원하는 가치를 존중하며 어떠한 상황에서도 고객을 지킨다는 사명이었다. 고객을 지킨다는 것은 다중적인 의미다. 고객의 건강을 지키는 것, 고객이 우리 스튜디오로부터 이탈되지 않도록 지키는 것, 그리고 그 고객을 케어하는 강사와 직원들의 실력을 지키는 것, 그들의 생활이 안정될 수 있도록 구조가 좋은 사업체를 만드는 것 등 모든 것을 포괄한다.

스튜디오를 오픈하고, 운영하고, 신입 강사들을 채용하면서 깨달은 것은 '현존하는 교육 방식으로는 고객을 지켜내기가 다소 어렵다'는 것이다. 현재 상용되고 있는 필라테스 교육은 완성 단계라고 하기엔 아직은 보완할 부분들이 있다고 생각한다. 단편적으로 해부학을 배우고 필라테스 동작을 배우고 필드에 나가는 것은 총 한 자루만 쥐어주고 2차 세계대전에 나가는 군인의 모습을 떠올리게 한다.

나는 창업 초창기에는 별도의 아카데미가 없었기에 스튜디오의 수익의 많은 부분을 강사 교육에 쏟았다. 이미 어디에선가 필라테스 정식 교육을 받고 온 강사들이었기 때문에 추가로 비용을 지불하게 할 수가 없어서 내 돈과 시간을 투자해서 나름의 노하우를 전수했다. 필라테스 교육은 물론 트레이너가 꼭 공부해야 하는 운동생리학, 운동영양학, 인문학, 고객 서비스, 실전 레슨 코칭, 고객 관리 노하우 등 모든 것을 포함한 교육이었다. 이런 모든 것들이 준비되고 필드에 나가는 것이 맞다고 생각했지만 이 부분들이 준비된 강사는 거의 찾아볼 수 없었기 때문에 '내돈 내산'으로 업그레이드시킬 수밖에 없었다.

그러다 보니 그동안 정말 많은 일들이 있었다. 무료 교육만 받고 연락 두절이 되는 강사도 있었고, 노하우만 배우고 나가서 바로 창업을 하는 사람들도 있었다. 그 과정들이 어렵고 힘들다고 뒤에서 비난하는 소리도 감수해야 했다. 결국 내 시간과 돈을 쓰면서도 많은 속상한 일들이 있었지만 추후 그 시간들은 내가 아카데미를 창립하고 발전시키는 데 큰 밑거름이 되었다.

그렇게 많은 시행착오를 겪은 후, 2019년 5월 트리니티 아카데미를 정식으로 창립하게 되었고 첫 교육부터 현재까지 매 기수 조기 마감이라는 실적을 내었다. 이제 우리 트리니티 아카데미의 교육은 교육 시작 6개월 전에 예약하지 않으면 등록하기 어려운 국내에서 가장 인기 있는 교육 중 하나가 되었다.

언젠가 그 이유가 무엇일까를 곰곰이 생각해보았다. 아마도 단순히 돈을 벌기 위한 교육이 목적이 아니라 고객이 원하는 가치를 지켜낼 수 있는 강사를 만들기 위한 목적으로 만들어진 교육이었기 때문이 아니었을까?

한 치 앞만 내어주는 교육이 아닌 진짜 고객을 만나기 위한 교육이 되고자 하는 목적은 지금도 변함이 없다. 그리고 앞으로도 고객을 120% 지키는 교육으로 계속 업그레이드할 것이다.

위기를 이겨내는
네 가지 습관

공부를 통해 영혼의 친구들에게서 얻었던 난세를 이겨나가는 방법을 여러분과 나누고 싶다.

첫째, 체력을 다진다. 난세를 버티기 위해선 체력 관리가 가장 중요하다. 이 시국이 앞으로 1년을 갈지 10년을 갈지 모른다. 어쩌면 평생 가는 상황이 될지도 모르겠다. 코로나 시기에 나도 러닝을 시작했다. 혼자 하면 오래 못 버틸 것 같아서 남편에게 러닝 메이트를 요청했고 남편은 기꺼이 훌륭한 메이트가 되어주었다. 그리고 스튜디오에 근무하는 강사들과 카톡방을 열어서 매일 실천하는 운동을 기록하고 나누었다. 혼자서 하는 것보다 친구와 함께하면 더 재미있게 멀리 갈 수 있다.

체력이 강해지면 좋은 의사결정을 할 수 있다. 특히나 난세에는 결정을 잘못했다가 돌이킬 수 없는 상황을 맞이하는 경우가 종종 있기 때문에 건강한 신체를 갖는 게 무엇보다 중요하다. 건강한 신체가 있어야 건강한 의사결정을 할 수 있다. 힘든 상황에서는 계속해서 스트레스를 받기 마련인데, 그 스트레스로부터 스스로를 버티게 해줄 힘은 체력이라는 것을 잊지 말자.

둘째, 마음을 다잡는다. 하루에 딱 두 번이면 된다. 아침에 일어나서 핸드폰을 보기 전, 그리고 저녁에 잠들기 전에 내 나이만큼 깊은 숨을 쉬는 것. 그것이면 충분하다. 수많은 명상이 있고 좋은 방법도 많이 있지만 지속적으로 실천하기 위해서 가장 간단한 호흡 명상만 소개하겠다.

앉아서 혹은 누워서도 괜찮다. 자기 나이만큼 깊은 숨을 쉬면서 제3자의 눈으로 나 자신을 바라본다. 이렇게 스스로의 마음을 바라보고 다스리는 힘을 갖는 것은 비단 마음뿐 아니라 호르몬과 신경의 흐름에도 큰 도움이 된다. 하루에 딱 두 번, 내 나이만큼만 하면 된다. 그리고 기회가 된다면 좋은 명상 프로그램에 참여하여 배워보는 것도 권장하고 싶다. 이 세상엔 고수가 참 많다. 명상의 고수를 만나고 나면 여러분들의 인생이 달라지고 어떤 상황 속에서도 무척 평온해질 것이다.

셋째, 끊임없이 공부하고 핵심 역량을 키워나간다. 어떤 상황이 닥치더라도 핵심 역량이 있으면 살아남을 수 있다. 아무리 요식업이 힘들다 해도 맛집에는 줄을 선다. 줄폐업이 이어져도 잘

되는 곳은 더 잘된다. '맛'이라는 핵심 역량이 있기 때문이다. 우리 스튜디오도 코로나 초기에는 어려웠지만 그 시기를 지나오면서 지속적으로 핵심 역량을 강화하고 아카데미 운영을 더 촘촘하게 만들어나갔다. 결과적으로는 코로나 이전보다 매출 구조가 더 좋아지고 있다. 주변에 스튜디오들이 폐업을 하기도 하지만 조금 더 확실한 양질의 레슨을 원하는 고객들의 수요가 많아져서 우리 스튜디오의 상황은 나아지고 있는 것이다.

핵심 역량이 없으면 난세일 때 재앙을 맞게 된다. 하지만 핵심 역량이 있다면 난세는 반드시 기회가 된다. 늘 자신의 분야에 대해 공부하고 실력을 다지는 것을 게을리하지 않기를 바란다. 어떤 어려움이 오더라도 반드시 이겨낼 수 있을 것이다.

넷째, 감사하는 마음을 갖는다. 나의 은사님께서 하신 말씀이 기억난다. 이 세상 모든 감정의 어머니가 있는데 그것이 '감사'란다. 어머니라는 단어만큼 고마운 존재가 있을까? 생각만 해도 눈물이 찔끔 나오는 단어가 어머니다. 그 어머니와 같은 위대한 감정이 바로 감사라는 것이다.

어떤 어려운 상황이라도 원망하는 감정보다 감사라는 감정을 갖게 되면 마음이 평온해지고 행복해진다. 교통사고가 나더라도 더 크게 다치지 않은 것, 아무도 하늘나라로 가지 않은 것을 감사할 수도 있다. 일을 마치고 집에 들어왔을 때 모든 가족이 무사히 평온하게 살아 있음에 감사해본 적이 있는가? 아침에 인사를 나누고 저녁에 만나지 못하는 그런 비극이 삶에는 존재할 수 있다.

모든 어려운 상황을 감사라는 관점으로 바꾸는 태도를 갖다 보면 화가 날 일도, 짜증 나는 일도 줄어든다. 오로지 행복하고 평온한 감정만 남는다. 그 누구를 위해서가 아니라 나를 위함이다. 나 자신의 마음의 평온을 위해 이런 선택을 하는 것이다.

나의 첫째 아들은 자폐성 장애 1급을 가지고 태어났다. 주변에 장애아를 키우는 부모들을 보면 안타깝게도 비관적이고 자포자기하면서 살아가는 경우가 많다. 나 역시 옆에서 지켜보면 마음이 아프고 짜증이 나고 지칠 때가 종종 있다. 그러나 그런 비극에도 불구하고 그 상황에 감사하면 기적이 일어난다. 아이 덕분에 더 열심히 살게 되기 때문이다. 또 비장애인으로 태어난 둘째 아이가 공부를 잘하지 못해도 건강한 아이일 수 있음에 감사한 마음을 갖게 된다. 교만할 수 있었던 삶이 겸손해지고, 세상에 대한 다양한 시야를 갖게 된다. 아들 덕분에 장애인 주차 구역에도 주차할 수 있고, 놀이동산에 가도 대기하지 않고 바로바로 입장할 수 있고, 고속도로 통행료도 할인받고, 나라에서 생활 지원금 일부를 지원받기도 한다. 생각해보면 참으로 감사한 일투성이다.

난 첫째 아이 덕분에 평범한 아이를 키우면서는 겪어보지 못할 값진 경험들을 많이 했다. 원망하면서 살아갈지 감사하면서 살아갈지만 선택하면 된다. 상황은 누구에게나 동일하다. 단지 바라보는 시각이 다를 뿐이다. 기왕이면 감사를 선택하길 소망한다. 이렇게 감사를 택하면 숨 쉬는 이 순간조차도 찬란하고 행복해진다.

코로나 위기를 돌파하기 위해 계속 던진 질문

사업을 하다 보면 크고 작은 일들이 계속 생겨나기 마련이다. 좋은 일도 있지만 겪고 싶지 않은 두려운 일도 온다. 우리는 직감적으로 알고 있다. 두려운 그 일이 올지도 모른다는 것을.

코로나가 그랬다. 2020년 1월인가 증권가 찌라시를 받았다. 중국에서 폐렴이 발생했는데 이 때문에 사람들이 거리에서 죽어가고 있으며, 이 병이 곧 전 세계로 전파될 것이 우려된다는 것이었다. 당시 이런 이슈는 뉴스에 보도되기 전의 일이었고 아무도 관심을 갖지 않았으며 그 찌라시를 본 사람들조차도 그 상황이 이렇게 오래갈 것이라고 예상하지 못했다.

믿고 싶지 않았지만 2020년이 시작되자마자 무서운 속도로 팬데믹이 오고야 말았다. 많은 고객들이 스튜디오를 찾지 않았고 불안해했다. '혹시 확진자가 다녀가진 않겠지?'라고 걱정했던 일이 실제로 일어나기도 했다. 심지어 우리 집에도 확진자가 다녀갔다. 그렇게 모든 불길한 예감들은 하나도 빠짐없이 나에게도 일어났다. '설마 이러다가 체육 시설의 영업이 중단되지 않을까?', '설마 장기화되지는 않겠지?'라는 우려도 현실이 되었다. 그리고 끝나지 않을 것 같은 예감은 현실이 되어 정말 종결되지 않고 있다.

사람도 마찬가지다. 스튜디오에 있다 보면 사람의 눈빛이 변할 때가 있다. 왠지 마음이 떠난 것 같고 이상하게 서늘한 느낌이 있다. '혹시?'라는 생각이 들자마자 역시나 거의 한 달이 채 안 되어 퇴사 의사를 밝히곤 한다.

항상 그렇다. 두려워하는 일은 반드시 온다. 그것이 사람에 대한 문제든, 자연재해든, 전염병이든, 세무조사든 찜찜하고 두려워하는 일은 피해 가는 적이 없다. '나쁜 일은 꼭 일어날 것이다'라는 말을 하고 싶은 것은 아니다. 다만 피해 가지 못하는 일들이 반드시 존재한다는 것이다.

두려운 일이 일어나지 않기를 기도하는 방법도 있다. 그렇다면 기도를 열심히 했음에도 불구하고 그 일이 일어난다면 우리는 신을 원망해야 할까? 나도 최악의 코로나를 상황을 지나던 2020년 여름, 정신도 체력도 고갈되어 인생의 밑바닥까지 갔을 만큼 힘들었다. 그러다 우연히 길에서 마주친 트루스그룹의 윤소정 대표

덕분에 포스트 코로나 시대를 공부할 수 있었다. 매일 밤 10시에 온라인으로 친구들과 만나 책을 읽고, 인사이트를 공유하고, 글을 쓰는 시간을 가졌는데, 이 시간들이 쌓이고 쌓여서 소중한 자산이 되었다. 기어이 오고야 마는 내가 통제할 수 없는 힘든 상황 속에서 상황을 원망하거나, 계란으로 바위를 치는 힘만 빠지는 노력은 우리의 남은 에너지까지 고갈시킬 뿐이라는 큰 깨달음도 함께 남았다.

2020년 코로나19로 실내 체육 시설이 입은 타격은 상상을 초월할 지경이었다. 저녁 9시 이후 영업을 할 수 없었고 면적당 동시 수용 인원 제한으로 영업에 직격탄을 맞았다. 급기야는 실내체육업종을 폐쇄하고 장기간 영업을 못 하게 되면서 많은 실내체육업들이 적자 운영 구조로 어려움을 겪다가 줄줄이 폐업하는 사태에 이르렀다. 늘 북적북적하고 한 번도 적자를 보지 않았던 우리 스튜디오 역시 2020년은 아주 어려운 고비를 여러 번 넘었다.

우리는 정규직 직원들과 외주 인력도 많았고 20명이 넘는 강사들이 상주하고 있었기 때문에 고정 인건비가 높았다. 게다가 워낙 스튜디오의 임대료와 관리비가 높은 지역에 있어서 더 많은 어려움이 있었다. 스튜디오의 규모가 커질수록 고정비는 더 커지고, 고정비가 클수록 리스크도 동시에 커진다.

몇 달이면 끝날지도 모른다는 기대를 우습게 만들며 코로나는 우리 생활의 일부가 될 만큼 장기화되었다. 마스크를 끼고 운동하는 것이 싫어서 안 오는 고객, 감염이 두려워 못 오는 고객, 다니는 직장에서 실내체육 시설을 못 가게 해서 못 오는 고객, 집에 아이가 있어서 혹은 노부모님이 있어서 불안해서 못 오는 고객 등 고객이 스튜디오에 오지 못하는 이유는 수십 가지가 넘었다. 물론 철저히 방역을 하고, 우리만 방역하는 것으로 모자라 이웃 상가까지 방역을 해드렸다. 모든 강사와 직원이 KF94 마스크를 끼고 사생활까지 개입을 하면서 퇴근 이후의 생활을 통제했지만 보이지 않는 두려움의 힘이 너무도 컸다.

결국 우리의 노력이 무색하게도 아예 영업조차 못 하게 되면서 스튜디오 문을 닫게 되었다. 속수무책으로 우리는 한순간에 모두 실업자가 된 것이다. 그때 이런 질문을 던졌던 것 같다.

"우리가 무엇을 할 수 있을까?"

깊은 무력감 속에서도 우리가 할 수 있는 일이 무엇일지 고민했다. 나와 팀원들이 모두 매일 머리를 맞대고 회의를 했다. 망연자실하며 세상을 원망하는 대신 회의를 하고 미래를 구상하는

데 시간을 보내는 것을 잊지 않으려고 노력했다.

나는 개인적으로 건강한 의사결정을 위해 세 가지 일을 했다. 러닝, 명상, 포스트 코로나 스터디다. 그간 업무가 너무 많아 살피지 못했던 몸과 마음의 건강을 평소보다 더 많이 챙겼다. 그리고 트리니티의 모든 직원에게 편지를 썼다.

'우리는 분명히 이 산을 넘을 것입니다. 그동안 챙기지 못했던 몸 건강, 마음 건강을 모두 챙기기 바랍니다. 그동안 바빠서 하지 못했던 공부가 있다면 이번 기회에 하는 것도 좋겠네요. 적지만 마음의 위로가 되길 희망하며 작은 지원금을 드립니다.'

또한 혹시 이 사태가 장기화될 것을 우려해 혹여나 직원들의 급여가 밀리게 하지 않기 위해 대출을 받았다. 그리고 지속적으로 강사들을 마음을 살피려고 노력했다.

그리고 우리는 스튜디오 방문이 두려운 고객들, 여건이 허락되지 않는 고객들을 위해서 온라인 라이브 필라테스 레슨 프로그램을 론칭했다. 온라인으로 필라테스 레슨을 받는다는 것은 당시엔 낯선 제안이었을 것이다. 그러나 우리는 줌콜Zoomcall을 활용하는 가이드 영상부터 시작해서 부지런히 고객에게 온라인 레슨을 활용하는 방법을 알렸다. 조금씩 고객들의 반응이 살아났고 참여도도 점차 높아졌다.

그렇게 우리는 2020년 1년 동안 온라인 라이브 필라테스 레슨인 '홈트필'을 운영했다. 물론 아주 성황리에 대박이 나지는 않았다. 그러나 고객들은 나중에 이런 감상을 들려주었다.

"이 스튜디오는 무너지지 않겠구나."
"어떤 상황에서도 고객을 위한 고민을 하고 있구나."
"방법을 찾으려고 매일매일 노력하는구나."

당시 폐업하는 스튜디오가 많아지면서 소위 먹튀 스튜디오도 많았다고 한다. 먹튀 스튜디오란 폐업을 앞두고도 고객을 등록시키고 야반도주하는 스튜디오들인데 그런 스튜디오와 소송 시비가 걸리는 일에 대한 소문이 지역 커뮤니티에 일파만파 퍼지면서 고객들의 마음도 불안했을 것이다.

그러나 우리는 비어 있는 스튜디오에서 온라인 레슨을 준비해 고객들과 함께 비대면으로 운동을 했고, 고객이 방문하지 못하는 이 기간이 아니면 하기 어려운 노후된 시설을 리모델링했다. 온라인 레슨이 불편한 고객들을 위해서는 안전을 지키는 범위 내에서 댁으로 찾아가 방문 레슨까지 했다. 스튜디오는 문을 닫고 있었지만 온라인 레슨 진행과 가정 방문 레슨, 시설 리모델링, 대청소와 창고 정리 등 스튜디오는 평소만큼 바빴다. 그걸 보고 고객들이 많이 신기해하고 대견해했다. 응원도 많이 받았다.

더 감사했던 것은 이런 상황이 되면 대부분의 고객들이 불안해서 환불을 많이 하는데 우리 스튜디오는 환불도 거의 없었고, 오히려 힘내라면서 레슨 횟수가 많이 남았음에도 불구하고 지나가다 오셨다면서 일부러 결제를 해주는 고객들까지 있었다. 이렇게 불안한 상황인데도 불구하고 우리를 믿어주고 격려해주고 결제까지 해주었던 고객들의 고마움을 우린 영원히 잊지 않을 것이다.

그렇게 아픈 진통을 겪고 2021년이 되었다. 코로나는 없어지지 않았고 여전히 힘들지만 아주 빠른 속도로 우리는 회복했다. 고객과는 더 돈독해졌으며, 다른 곳에서 운동하던 외부 고객들의 유입도 많아졌다. 우리는 어떤 상황에서도 흔들리지 않는 스튜디오, 코로나에도 시설에 투자하는 과감한 스튜디오, 어떤 장애물이 있어도 끝까지 쫓아가서 고객을 운동시키고 케어하고 책임지는 스튜디오로 온 동네에 소문이 났기 때문이다.

2022년 10월, 이 글을 쓰는 현재는 다행히도 안정적인 매출을 유지하고 있다. 코로나의 여파가 아직 존재하고, 환율상승과 금리 상승으로 인한 리스크가 존재하지만 여전히 기존 고객 85% 이상이 등록을 유지하면서 안정적으로 스튜디오를 운영하고 있다.

코로나를 보내면서 폐업한 스튜디오도 있지만 생존한 스튜디오도 많이 있는 듯하다. 어려웠던 시간이었던 만큼 주변의 경쟁업체들도 매우 진화한 모습을 보인다. 주변의 진화로 인해 경쟁 또한 치열해졌고 우리 스튜디오도 언제나 바짝 긴장하면서 매일매일 노력하고 있다.

지금 가장 에너지를 쏟고 있는 부분은 신입 강사들이 고성과를 낼 수 있도록 하이퍼포머들의 테크닉을 전수받는 '하이퍼포머 프로젝트', 기능 회복 고객들이 점점 더 많아지면서 중점을 두기 시작한 '기능 회복을 위한 케이스 스터디', 직원들이 스스로 가동률을 높이고 고객을 관리하게 위한 구조를 짜는 일, 내부 고객이 만족할 수 있는 환경을 조성하기 위한 노력 등이다.

트리니티의 강구실용 교육 시스템

대면서비스업계에 있는 사람에게 교육은 크나큰 가치가 있다. 한마디로 정의 내리기는 쉽지 않지만, 대면서비스업에서 교육은 서로의 가치와 목적을 이루기 위해서 행해져야 할 서로 간의 약속이자 노력이라고 생각한다.

문화&비전 교육

트리니티의 비전과 문화에 대해 나누고 본인의 비전을 나누는 시간

- 최종적으로 입사가 확정되면 처음으로 진행하는 신입 강사 교육이다. 스튜디오의 비전 및 철학, 미션에 대해 함께 나누고 강사에게 필요한 경쟁력을 강화하는 노하우를 알린다. 우리가 가야 할 방향을 서로 인지하고, 그 방향으로 잘 걸어가기 위한 방법을 나누는 시간이다.

- 스튜디오 초창기에는 일방향적 강연 형식으로 진행했으나 이런 강연은 그 순간에만 이해될 뿐, 온전히 자신의 것으로 만들기엔 부족함을 인지하고 조

금 시간이 오래 걸리더라도 서로 생각을 나누고 소통하고 글로 남기는 방식으로 바꾸었다.

- 교육은 총 4파트로 구성되어 있는데 계속해서 업그레이드 중이다. 교육을 진행하는 방식은 다음과 같다. 그날의 교육과 관련된 텍스트, 책, 영상 등을 리더가 제시하고 각자 읽어보거나 시청하고 생각하는 시간을 갖는다. 자료들을 살펴보면서 본인이 모르는 단어 혹은 맥락에 대해 조사하고 검색하면서 그 의미를 파악한다. 또 핵심 생각, 본질, 의도를 찾는 시간을 갖는다. 찾은 후에는 서로의 생각을 공유한다. 마지막으로 본인이 실생활에 어떻게 적용할지를 생각하고 글로 쓴 뒤 실제로 적용해보고 그 후의 이야기를 소통한다.

- 매시간 글을 읽고, 이해하고, 조사하고, 의도를 찾고, 내 생각으로 정리하고, 적용할 부분을 생각하고, 실제로 적용해보고 글로 남기는 작업을 계속한다. 문제는 매우 이상적인 방식이지만 시간이 오래 걸린다는 것이다. 나도 이런 방식으로 직원 교육을 한 지는 1년 남짓 되었다.

- 이러한 교육 방식의 변화는 2020년 여름, 코로나로 유난히 힘든 시기를 보낼 때 트루스그룹 윤소정 대표와의 만남이 중요한 계기가 되었다. 이때부터 윤소정 대표님이 리드하는 뉴러너클럽에 참여했고 뉴러너의 공부 방식이 큰 인사이트를 주었다. 뉴러너클럽의 모토는 '우리는 누구나 스스로 공부하고 사색하는 능력을 가지고 있으며, 매일 2시간씩 하는 공부가 큰 힘이 될 것'이라는 것이다. 2020년 여름부터 매일 2시간씩 진행된 공부는 지금까지

이어지고 있으며 이것이 우리 스튜디오의 교육 방식을 변화시키는 큰 전환

점이 되었다.

고객 관리&행정 교육

트리니티의 고객 관리 노하우를 습득하고 그에 따른 행정 업무를 배우고 익

히는 교육

- 문화&비전 교육이 근원에 대한 교육이었다면 고객 관리&행정 교육은 그 근

  원을 잘 실행하기 위한 구체적인 실전 직무 교육이다. 우리는 이 교육에서

  조차도 근원과 이유에 대해 나누려고 노력하고 있다.

- 최초에 트리니티를 창립했을 때의 첫 생각은 '고객을 지키는 것'이었다. 그

  러다 조금 더 나아가 '고객을 지키며, 고객의 가치를 극대화하기'로 발전되

  었다. 이것이 근원이라면 이를 지키기 위한 방법을 나누는 것이 교육의 목

  적이다. 우리는 고객 관리와 관련하여 이런 프로세스를 갖고 있다.

  > 고객의 첫 상담 문의 ➜ 체험 ➜ 레슨권 등록 ➜ 첫 레슨 ➜ 레슨 후 3회차
  >
  > 레슨 피드백 ➜ 고객 재등록 or 홀딩 고객 관리 or 엔딩 고객 관리

- 이런 굵직한 프로세스에 대한 트리니티의 철학과 노하우를 나눈다. 우리는

  신규 할인 이벤트 혹은 파워블로거, 네이버 파워링크에 의존하지 않고 고객

  을 우리의 팬으로 만들어 입소문으로 로컬 시장을 장악하는 구조를 가져가

  고자 한다. 그래서 고객 관리도 우리와 인연을 맺은 고객과의 진짜 여정을

만들어가는 데 초점이 맞추어져 있다. 한마디로 '있을 때 잘하자'이다.

- 보통의 업계는 신규 등록에 거의 의존해서 지속적으로 이벤트를 진행한다. 우리는 이런 이벤트를 진행하지 않지만, 10년 평균 재구매율이 85% 정도다. 이 구조를 유지하기 위해서는 하나부터 열까지 세심한 노력이 필요하다. 업무의 80% 이상이 여기에 몰입되어 있다고 해도 과언이 아니다.

- 신규 고객만을 상대하면서 오랫동안 시간을 보낸 강사는 경력이 오래되었다 할지라도 우리 스튜디오에서 근무하기가 쉽지 않다. 왜냐면 그 강사의 레슨 프로그램은 100회, 200회차의 고객들의 니즈를 채울 수 없기 때문이다. 신규 고객이 이벤트성으로 몰리지 않는 스튜디오이기 때문에 본인이 고객을 지킬 힘이 없다면 우리 스튜디오에서의 생존은 쉽지 않다. 그러나 고객을 잘 지켜내고 고객과 함께 오랫동안 성장하는 강사들은 고객 영업, 신규 유치, 티케팅에 에너지를 쏟지 않고 정말 본인이 해야 할 레슨과 고객 관리, 즉 본질에만 몰입하며 놀라운 성과를 낸다. 결국 트리니티가 가야 할 본질인 고객을 지키는 것, 그것에 대해 온몸 세포 하나하나로 이해하고 실행할 수 있다면 향후 어떠한 일을 하더라도, 추후에 독립을 하더라도 생존할 수 있는 힘을 가지게 될 것이다.

#실전 레슨 데모 연습

트리니티의 선배 강사를 대상으로 실전 고객 레슨과 동일하게 진행한 후 피드백을 주고받는 시간

- 철학도 공유했고, 고객을 지키는 방법도 알게 되었다. 그다음엔 실전 레슨에서 보완하고 수정해야 할 것들을 점검하는 시간을 가진다. 개인 레슨, 듀엣 레슨, 그룹 레슨 등 레슨의 방식을 기준으로도 점검하고 실버, 임산부, 키즈 등 고객 카테고리별로도 점검한다. 이미 양질의 교육을 이수하고 자격증을 발급받은 국내 상위 3% 이내의 유능한 강사들이 모인 곳이기 때문에 기본기가 거의 갖춰져 있는 상태에서 원포인트 코칭을 받기 위한 시간이라고 보면 된다.

- 신입 강사가 레슨을 진행하면 우리는 레슨에 대한 피드백을 나눈다. 그들의 장점에 대해서 나누고 더 강화할 방법을 모색한다. 또한 단점 및 보완할 부분도 나누고 그 부분에 대한 방안도 함께 모색한다. 피드백을 받은 강사는 피드백을 바탕으로 스스로 답을 찾기 위한 시간을 갖는다. 현재 나의 상태를 객관적으로 바라보고, 더 강화할 부분을 찾고, 보완해야 할 부분에 대해서 연구하면서 개인 연습 시간에 계속 적용해나간다.

- 피드백을 듣는다고 문제가 해결되는 것이 아니기 때문에 그것을 바탕으로 계속 본인이 답을 찾아가야 한다. 또한 그 여정을 기록해야 한다. 그냥 귀로 듣고 '아, 그렇구나' 하고 넘어가는 것은 자기 것이 아니다. 반드시 그것을

혼자서 혹은 동료들과 다시 한번 진행하고, 보강하고, 완성해서 실제 레슨까지 적용해야만 안다고 여길 수 있다. 귀로 듣고 머리로만 이해하는 것이 아니라, 그렇게 듣고 이해한 지식이 내 온몸에 퍼져 행동으로 구현할 수 있어야만 비로소 '안다'고 할 수 있는 것이다. 더 나아가 그것들을 바탕으로 내가 아닌 다른 누군가를 지도하고 전수할 수 있는 경지에 이르러야 한다.

결국 우리가 원하는 방향은 가짜 깨달음이 아닌 진짜 깨달음을 얻고자 하는 사람들이 모여서 고객을 지켜내고, 더 나아가 이 업계의 종사자가 되고 싶은 사람들에게 더 높은 수준의 스승이 되어주는 것이다. 이 방향을 향해 길을 잃지 않고 나아갈 수 있도록 서로 온전히 바라봐주는 것, 그것이 내가 할 일이다.

10장

양성

"어떻게
실력과 인성을 갖춘
인재로 키울까?"

사람을 변화시킬 수 있다는
오만의 결말

세상엔 다양한 사람들이 있다. 우리 스튜디오에 채용되는 강사들도 아주 다양한 개성과 인성을 가지고 있고 실력도 제각각이다. 나도 처음에는 이에 매우 서투른 사장이었던 터라 좋은 사람을 알아보고 이 인재들을 적재적소에 배치하여 운용하는 데도 서툴렀다.

스튜디오를 운영하던 초창기에는 필라테스 실력을 최우선으로 여겼다. 당시 나는 실력이 최고인 사람들로 스튜디오를 채워 나가고 싶었다. 그래서 인성이 조금 부족하고 우리 스튜디오의 성향과 조금 맞지 않더라도 실력이 좋은 사람을 선택했다. 그렇게 채용된 강사들은 고객 레슨을 진행하는 데는 아무런 문제가 없었고 레슨 그 자체로는 흠잡을 데가 없었다. 물론 대부분의 강사는 고퀄리티의 레슨 실력과 좋은 성품까지 겸비해 좋은 결과를 낳았다. 그런 경우는 참으로 감사할 만한 상황이고 채용에 있어서 운이 아주 좋은 경우다.

그러나 가끔 레슨에는 문제가 없으나 고객을 응대하는 태도 및 성품에서 문제가 발생하는 강사가 드물게 있었다. 고객이 운동에 대한 인지가 부족하거나 운동 능력이 부족한데 고객 입장에서 이해하지 못하고 다그치는 경우, 고객이 피치 못할 사정(아이의 질병, 불가피한 사고 등)으로 지각하거나 결석할 때 고객을 살피기보다는 자신의 레슨 시간에 차질이 생겼다는 이유로 고객을 불편하게 하는 경우, 고객의 재구매가 계속해서 일어나고 있지 않음에도 불구하고 계속 고객 탓만 하거나 고객 운이 없다고 관리자 탓을 하며 본인의 문제점을 살피려 하지 않는 경우, 고객의 편의보다는 본인의 스케줄과 휴일만 먼저 챙기려고 하는 경우, 고객을 돈으로만 보고 돈으로만 대하는 경우, 동료에 대한 배려가 없고 이기적으로 행동하는 경우 등 인간적인 면에서 아쉬움을 주는 경우들이다.

처음엔 이런 상황들을 경험할 때마다 내가 더 잘 대해주고 좋은 교육을 받게 해서 바꾸어 나가야겠다고 결심했었다. 그래서 그 강사들과 대화도 많이 했고 필요한 교육도 지원해주었다. 고객에 대한 서비스 마인드가 부족해서 고객 레슨 성과로 승부를 보기 어려운 상황이라고 판단되면 방향을 조금 달리하여 강사 교육이나 선수 트레이닝 쪽으로 전환할 수 있도록 지원해주고 기회를 주었다. 당시 나는 노력과 의지로 사람을 바꿀 수 있다고 굳게 믿었다.

그렇게 밑 빠진 독에 물 붓는 시간이 계속되었다. 고객을 계속 잃는 강사들에게 또다시 기회를 주려고 계속 고객을 지원해주었고, 역량도 인성도 안 되는 강사들이 고객 서비스를 힘들어하면 강사 교육으로 전환시켰고, 고객을 잃어 생계에 위협을 받는 강사를 위해서는 트리니티가 지원하고 있는 선수급 트레이닝 레슨을 맡기고 내 사비로 페이를 챙겨주었다. 이런 선택을 했던 건 사람은 누구나 부족할 수 있기에 그 결핍을 배려하고 존중해주고 지원해주면 변할 수 있다는 믿음이 있었기 때문이었다.

그 믿음의 결말은 어땠을까? 처절한 실패로 끝났다. 나는 이런 결론을 내렸다.

'자신을 관리하지 못하고 주변 동료와의 관계를 원만히 하지 못하고 더 나아가 고객을 관리할 수 없는 사람은 그 어떤 것도 제대로 해내기 어렵다.'

고객이 다시 찾지 않는 사람이라는 것은 분명히 무언가 이유가 있다는 뜻이다. 어쩌면 성장기를 지나오는 동안 어릴 때부터 형성되는 가정에서 완성된 인성과 성품의 문제일 가능성도 있다. 그걸 내가 감히 바꿀 수 있다고 믿는 것은 오만이었다. 오히려 그런 사람들은 나의 고민과 배려로 다른 포지션을 맡게 되면 그 이유와 배려를 알기는커녕 본인의 능력이 대단해서 맡게 된 줄 알고 더 교만해지고 더 노력하지 않는 나쁜 결과를 낳았다.

결국 나는 더 뛰어나고 인성이 좋은 사람들에게 돌아가야 할 기회를 엉뚱한 사람들에게 주면서 업무적으로 손실을 겪었고 더 뛰어난 사람들의 기회비용을 잃게 되는 이중고를 겪었다. 가치 있는 곳에 에너지를 쏟아도 모자를 판에 오히려 정리해야 하는 것들에 더 공을 쏟았으니 결과가 어땠을까? 썩은 사과가 박스에 한 개만 있어도 얼마 지나지 않아 신선한 사과를 썩게 하는 것처럼, 성품이 좋지 못한 강사는 본인의 업무에 부족하기만 한 것으로 끝나는 것이 아니라 옆에 있는 동료들에게도 부정적인 영향을 미친다. 부정적인 태도, 감사를 모르는 태도, 대안이 없는 불만으로 가득한 태도, 이기적인 태도 등에는 해결책이 없다.

해결 방안은 단 하나, 빨리 그 인연을 잘라내는 것이다. 물론 처음부터 그런 사람과 인연을 맺지 않는 것이 가장 좋은 방법이다. 만약 부족한 안목으로 혹시나 인연을 맺었다면 하루라도 빨리 그 인연을 잘라내야 한다. 당장은 아프고 손해 보고 대책이 없더라도 아주 빠르게 행동해야 한다. 그러지 않으면 조직이 초토화되는 괴로운 상황을 맞이하게 될지도 모른다.

답답하다 싶을 만큼
채용에 공을 들인 이유

몇 년간 사람을 바꿀 수도 있다는 오만으로 호되게 대가를 치른 후 실수를 되풀이하지 않기 위해서 나는 룰을 정했다. 먼저 채용은 아주 오랫동안 지켜본 후 진행하는 것이다. 다행히도 우리는 아카데미를 운영하고 있어서, 한 예비 강사의 처음 입학부터 최소 6개월에서 10개월 정도의 여정을 지켜볼 수 있기 때문에 장기적 관찰이 가능하다. 우리 아카데미 출신 강사가 아니더라도 최소 1~3번 면접을 갖고 결정을 한다. 1~3번의 면접으로도 결정하기 어려운 경우에는 서로 한 달이라는 시간을 갖고 기다린다. 우리가 원하는 니즈를 상대에게 알리고 시간을 가진 뒤 한 달 뒤에 다시 면접을 보는 것이다. 물론 한 달 뒤에 다시 찾아오는 사람도 있고 오지 않는 사람도 있다.

중요한 것은 불확실한 선택을 하기보다 기다리는 편이 낫다는 것이다. 우린 고객을 대기시키고 매출을 포기할지언정 강사 채용만큼은 오랫동안 신중하기로 결정했다. 고객을 대기시켰을 때의 손실이 강사 채용에 실패했을 때 치러야 하는 손실보다 훨씬 적기 때문이다.

또 한 가지 주의 깊게 지켜보는 것은 대표자인 나에게 보이는 모습보다 가장 어린 매니저나 막내 강사 혹은 청소 이모님에게 보이는 태도다. 나보다 어리고 힘이 약한 존재를 대하는 태도가 그 사람의 본질인 경우가 많기 때문이다. 그래서 우리는 그 사람의 결심이나 중요한 순간에 하는 발언에 무게를 싣기보다는 가장 사소한 곳에서 보이는 무심한 행동에 더 주의를 기울이는 편이다.

그렇게 채용은 답답하다 싶을 만큼 천천히 확실하게 진행된다. 아카데미 교육생의 경우에는 처음 상담 시부터 지켜보는 격이니 8개월 정도 지켜보고 결정한다는 점에서 상당히 긴 시간이라고 할 수 있다. 외부 강사의 경우에는 이렇게 길게 지켜볼 수는 없기 때문에 그 사람의 인터뷰 내용 혹은 개인 SNS 등에서 그 사람의 생각과 일상도 보려고 한다.

솔직히 성질이 매우 급한 나로서는 그 과정이 참기 힘든 여정이기도 하다. 그래서 채용 관련팀은 아주 신중하고 답답할 정도의 원칙주의적인 멤버로 구성한다. 내 마음이 급해서 사람의 겉모습에 금방 현혹되지 않도록 책임자들에게 모든 권한을 주고 난 그들의 결정을 무조건 따른다. 내가 아무리 채용하고 싶어도 그들이 아니라고 하면 바로 마음을 접는다. 실무자들이 보는 눈이 더 정확한 경우가 많기 때문에 전적으로 무게를 실어주려고 노력한다.

그리고 나와 실무자가 신중하게 선택한 인재를 채용하더라도 혹시 그 채용이 잘못되었다고 판단되는 순간에는 그 관계를 아주 빨리 끝맺기 위해 노력한다. 그 사람을 위한 다른 방향을 정성껏 모색해서 우리보다 더 맞는 직장을 찾을 수 있도록 노력한다. 그 사람의 능력이 부족하다기보다는 우리 스튜디오가 가고자 하는 철학과 맞지 않는 경우가 대다수이므로 그 사람의 성향과 맞는 다른 직장이 어느 곳인지 찾아보고 보내주는 데까지는 최선을 다하려고 노력하는 편이다.

아카데미를 운영하다 보면 어머님들이 나를 찾아올 때가 많다. 돈을 얼마라도 드릴 테니 지점 하나만 내어달라는 분, 딸을 나에게 맡길 테니 사람 만들어달라는 분들이 종종 있다. 어릴 때부터 스스로 문제를 해결하기보다는 엄마가 모든 것을 다 대신해주는 삶을 오랫동안 살아와서 스스로를 챙길 능력이 없는 친구들도 있다.

우리의 직업은 스스로를 온전히 책임질 수 있는 독립적이고 성숙한 인격체가 뛰어난 실력을 겸비했을 때 성공할 수 있는 일이다. 스스로를 책임지고 컨트롤할 수 있어야 타인을 케어할 수 있기 때문이다. '돈을 얼마라도 드릴 테니 딸을 부탁한다'는 말에는 답변을 하기가 참 어렵다. 서른 살이 훌쩍 넘었는데 아르바이트해본 적이 없고, 엄마 카드를 쓰고, 어려운 일을 해본 적이 없는, 남의 돈을 벌어본 적이 없는 사람이 어떻게 아픈 사람을 케어하고 고객의 고통을 공감하고 고객의 건강을 지킬 수 있을까? 돈이 있어 스튜디오를 오픈한다 하더라도 고객을 케어하고 더 나아가 직원들을 케어하고 멘토링까지 해야 하는데 그 역할을 과연 해낼 수 있을까? 그 스튜디오의 상담실에는 아마도 그 사람이 아닌 그의 어머님이 앉아계셔야 할지도 모른다.

사람을 고쳐 쓰는 데 시간을 보내지 말고 좋은 사람을 알아보는 데에 시간을 써라. 또 혹시 내가 잘못 알아보았음을 깨닫는 순간이 되면 하루라도 빨리 그 선택을 되돌려야 함을 절대 잊지 말자.

기본기가 없는 사람은
채용하지 않는다

비교적 사업운이 좋았던 나는 인수한 첫 달부터 흑자를 냈다. 그즈음 필라테스가 붐을 일으키기 시작해서 그 순풍을 탄 덕분인지 스튜디오의 회원이 조금씩 늘기 시작했다. 주인 없이 운영되었던 스튜디오가 누구보다 열정적인 주인을 만나 깨끗해지고 정돈되고 인사를 열심히 하고 활기를 띠기 시작하니 고객들도 스튜디오에 대한 호감과 신뢰가 조금씩 두터워지기 시작했다. 과거엔 고객이 오든 말든 관심이 없었다면 인수하고 조금씩 자리가 잡힌 시점인 2014년부터는 한 번이라도 스튜디오에 상담을 오거나 전화를 준 고객들은 지속적으로 관리했다.

고객에 대한 상담 관리와 등록 관리, 출결 관리 모두가 잘 이루어졌다. 그리고 스튜디오를 그만둔 이후까지도 관리해드리니 이탈 고객이 거의 없었고 주변 지인의 소개로 자연스럽게 이어지기 시작했다. 행여 이사나 이민 혹은 개인 사정으로 스튜디오를 그만두게 되더라도 사정이 허락되면 다시 돌아오는 경우도 있었고, 돌아오지 못하더라도 주변 지인들을 소개해주는 일이 늘어났다.

우리 스튜디오는 할인 이벤트가 없기 때문에 가격 진입 장벽이 높은 편이었다. 가격에 대한 부담으로 처음에 등록을 못 하는 분들도 종종 있었고, 등록해서 다니다가도 경제적 부담으로 그만두는 분들도 있었다. 그러나 그만둔 분들 중 절반 이상은 2~3개월 후면 다시 돌아오곤 했다.

이렇게 작은 부분부터 조금씩 바꾸어나가며 고객을 잘 챙기니 스튜디오를 인수한 지 2년 뒤인 2016년 매출은 거의 2배 이상 성장하게 되었다. 매출이 성장하고 고객이 점점 늘어나니 당연히 더 많은 강사가 필요했다.

그래서 좋은 강사를 채용하기 위해 면접을 보기 시작했다. 평균적으로 고객 20명당 강사 1명의 인력이 필요했다. 인수 당시 고객이 80명 정도였던 것으로 기억한다. 2016년도에 딱 2배가 되었으니 당시 5명이었던 강사의 수에서 4~5명 정도의 강사의 충원이 필요했을 것이다(그리고 2022년 현재에는 25명 정도의 강사와 함께 일하고 있다).

스튜디오를 운영하면서 거의 500명 가까이 신입 강사들 면접을 본 것 같다. 면접은 때론 흥미진진했고 때로는 한숨이 나오기도 했고 아쉬운 마음이 들기도 했다. 면접이 흥미진진할 때는 내일 당장이라도 수업을 해도 부족함이 없는 실력과 매력, 좋은 태도로 무장한 강사들을 만났을 때다. 산삼을 발견하는 심마니의 마음이 이랬을까. 그러나 이러한 케이스는 80명 중 3명 정도 있을까 말까 했다.

면접을 보다가 한숨이 나올 때는 교육을 받고 자격증을 받고 심지어 몇 년의 경력이 있음에도 이제 막 강사를 시작한 막내 강사보다도 수업 진행이 미숙하거나, 수업 진행은 능수능란할지라도 그 속에 알맹이가 하나도 없어 속이 비어 있는 경우이다. 필라테스에 대한 기본기가 부족하고 일과 직업에 대한 진지한 고민 없이 그저 시간만 보낸 강사들인 케이스가 대부분이다. 이런 경우에는 대부분 채용으로 연결되지 않는다.

면접을 보면서 안타까울 때가 있다면 본인이 가진 재능과 태도는 좋은데 좋은 교육을 받지 못해서 레슨에 대한 맥을 못 짚고 있는 경우이다. 누군가 조금만 제대로 이끌어주면 잘할 수 있을 것 같은 강사들, 열정이 넘치고 태도도 좋지만 좋은 교육을 받지 못해서 고객 레슨에 실패하고 고객에게 선택받지 못하고 있는 강사들을 만날 때가 가장 아쉽다.

이렇게 아쉬움이 남는 강사들은 채용을 하기에도 애매하고, 채용을 안 하기에도 참으로 애매하다. 채용하면 우리 팀의 수고와 열정을 투자해야 한다는 숙제가 있기 때문이다. 이러한 아쉬운 케이스의 강사들을 보고 있으면 20대에 무대 위의 배우로 활동했을 때가 생각나곤 한다. 성악도 무용도 연기 모든 분야에서 기본기가 전혀 없는 말도 안 되는 스펙으로 겁도 없이 뮤지컬단에 입단해서 무식하게 열심히만 했다. 그저 진도 따라가기에 급급했고 주어진 안무와 합창을 따라가기에 급급했던 시절이었다. 내가 어릴 때부터 제대로 성악을 배워서 기본기를 잘 다지고, 발레를 기본으로 신체 움직임의 기초를 잘 다지고, 제대로 된 연기 수업을 체계적으로 받았더라면 난 그렇게 오랫동안 머나먼 길을 돌아가지 않아도 되었을 것이다. 기본기가 없으니 실력이 늘지 않았고 기초가 없이 무리하게 연습하다 보니 몸이 성한 곳이 없어서 늘 몸이 아팠다. 성대를 제대로 사용하지 않고 잘못된 방향으로 연습만 죽어라 하니 성대가 늘 부어 있고 소리도 쉬어 있었다.

뒤늦게야 깨달았다. 무작정 열심히 하는 것이 중요한 게 아니고 제대로 연습하는 것이 중요하다는 것을. 그것을 깨달았을 즈음엔 이미 내 몸은 만신창이가 되어 있었다. 그래서 나와 비슷한 처지에 있는 현재의 필라테스 강사들을 보면 그 시절 내 생각이

나서 스스로 고통스러웠다. 해부학을 한 시간도 채 이수하지 않고 수료증을 주는 저가 자격증부터 시작해서 말도 안 되는 교재한 권으로 필라테스를 다 배웠다고 하는 강사들, 요가 자격증을따고 필라테스 그룹 레슨을 몇 개월 배우고 나서 필드로 나가 필라테스를 가르치는 강사들, 필라테스 기본 호흡과 운동역학을 전혀 알지 못하는 강사들, 운동생리학 혹은 영양에 대한 기본적인지식조차 없어서 고객에게 질문을 받으면 네이버 지식인에 의존하는 강사들, 인바디 해석조차 할 수 없는 강사들 등 우리나라의필라테스 교육 시장은 개선되어야 할 부분들이 너무 많았다. 이것은 마치 검증되지 않는 식재료로 음식을 만들어 파는 것과 별반 다를 것이 없는 일이었다.

이것이 과연 강사들만의 잘못일까? 필라테스 강사가 되기로결심하고 교육 아카데미를 믿고 교육을 받은 그들에게 무슨 잘못이 있을까? 기본기가 없는 교육을 만들거나, 해외 유명한 자격증의 교재를 그대로 카피해서 교육을 진행하거나, 해부학을 이수하지도 않고 단기 속성으로 찍어내는 수많은 교육들을 만들고 판매하는 교육업 종사자들이 깊이 생각해야 하는 부분이 아닐까? 교육에 대한 사명이나 의무보다는 필라테스 시장의 니즈만을 생각하고 빨리 혹은 대충 교육을 만든 교육업 종사자들 말이다.

누군가와 면접을 진행하다 보면 그 사람이 지나온 세월이 고스란히 드러난다. 필라테스에 대해서 어떻게 공부했는지, 고객과 어떤 시간을 보냈는지, 어떤 일상을 보내고 있는지, 이 업에 대한 태도와 책임감은 어떤지 모든 것들이 보인다. 준비가 되지 않은 강사들이 필드에 나갔을 때 그 피해는 고객이 받게 된다. 운동으로 더 건강해지려고 필라테스 스튜디오를 찾았다가 허리를 다친 고객들, 질환별로 피해야 하는 동작을 강사가 모르고 진행해서 큰일 날 뻔했던 고객들, 운동을 진행하다가 리포머라는 기구가 이탈되어 땅으로 떨어진 고객들, 운동하다가 무릎이 망가지고 근육이 파열되는 수많은 고객들. 이런 일들은 아무런 사명이 없는 교육을 판매하고 안전성이 검증되지 않은 기구들을 제작하고 고객의 가치보다는 수익과 매출만을 좇아온 업계의 책임자들이 꼭 생각해야 할 문제가 아닐까?

이렇게 크고 작은 문제들이 있는 필라테스 교육 시장에서 완성되지 못하고 배출된 강사들을 면접 보면서 조금이나마 나의 능력을 보태어 그들의 성장을 돕고자 2014년부터 2019년도까지 재능기부를 하기 시작했다. 열정과 잠재력은 있으나 좋은 교육을 받지 못해서 고객을 만나는 것에 어려움이 있는 강사들을 채용해서 적어도 3개월, 오래는 6개월까지 재교육을 진행했다. 10권이 넘는 교재*를 처음부터 하나하나 짚어나가며 필라테스 호흡부터 가르쳤고, 모든 동작을 하나하나 기초부터 정의하고 왜 필요하고, 언제 필요한지에 대해서 강사의 관점과 고객의 관점에서 잘 이해될 수 있도록 맞춤형 교육을 진행했다.

필라테스 교육을 하면서 틈틈이 인문학 교육과 독서 교육을 진행했고 고객 서비스 교육도 진행했다. 인바디, 영양, 운동생리학에 대해서도 지식을 나누었다. 자식 교육도 이렇게까지 한 적은 없었다고 할 만큼 많은 시간과 노력을 기울였다. 필라테스 교재가 모두 영어로 되어 있었기 때문에 영어를 못하는 강사들은 사전을 펼쳐 놓고 단어까지 하나하나 찾아가면서 가르쳤다.

그때 교육을 받았던 수많은 친구들은 지금 모두 성장해서 트리니티 아카데미의 교육 강사로 활약 중이다. 그 당시 수많은 강사들의 막막한 상황을 해결해야 하는 고통이 있었다. 그러나 그 고통을 견디고 나니 그 시간을 거쳐 엄청나게 성장한 강사들이 지금 선물처럼 내 옆에 남았다. 이제는 그들이 모든 재능과 땀을 바쳐 후진 양성에 힘을 쏟고 있다.

● 캐나다 토론토의 메리튜라는 회사에서 지난 30년 동안 연구하고 집대성한 《스탓필라테스》라는 필라테스 교재, 마쓰다 무네아키의 책들, 《트렌드 코리아》 시리즈 등

그리고 2019년 5월 정식으로 필라테스 아카데미를 창립하고 첫 회 교육부터 지금까지 매회 조기 매진이라는 신화를 쓰고 있다. 우리가 누군가를 위해 이런 말도 안 되는 노력을 한 시간들이 없었다면 아카데미도, 조기 마감이라는 성과도 없었을 것이다. 오랜 시간 동안 많은 고통을 인내하면서 그 뿌리를 깊게 내렸고, 그 뿌리가 단단해서 시작과 동시에 모두에게 인정받는 교육이 되었다.

이제는 정식 아카데미를 통해서 교육을 유료로 진행하며 교육 강사들에게 합당한 대우를 해줄 수 있는 여건을 만들었다. 우리 스튜디오에서 고객을 레슨하고 교육하는 강사들은 업계에서는 손에 꼽힐 만큼 고소득을 유지하며 살아가고 있다. 그리고 우린 여기에서 멈추지 않고 누군가의 스승이 되고 리더가 되는 보석 같은 이들을 위해 더 좋은 회사를 만들고자 노력 중이다.

퇴사하려는 직원의 말에
귀 기울인다

이 세상 모든 대표들이 가장 무서워하는 말이 있다.

"대표님, 저 드릴 말씀이 있어요."

직원으로부터 이런 문자나 카톡을 받고 다음 날 미팅하러 나갈 때는 마음을 단단히 먹고 나가야 한다. 이 말은 곧 퇴사를 알리는 신호일 가능성이 높기 때문이다.

내가 사업을 시작하고 처음 2~3년 동안은 퇴사와 이직이 거의 없었다. 운이 좋았다. 동종 업계에서는 차마 웃지 못할 이런 농담이 오고 간다. 통상 하나의 스튜디오에서 강사가 한 달에 한 번씩 퇴사한다는 것이다. 그중 강남 지역은 퇴사의 빈도가 너무 잦아 하루에 한 명씩 강사가 퇴사한다는 웃지 못할 농담도 떠돈다. 프리랜서 강사다 보니 이직률도 높고, 노하우가 생기고 고객 수가 안정되면 창업으로의 전환율도 높은 것이다. 이런 필라테스 업계에서 창업 후 몇 년 동안 퇴사자가 없었다는 것은 놀라운 일이기도 했다.

그러나 3년이 조금 지난 후에는 나름 이유 있는 퇴사가 종종 생겨났다. 결혼 후 남편이 주재원으로 발령 나면서 외국으로 나가야 하는 강사도 몇 명 있었고, 창업하는 강사도 있었다. 결혼 후 출산을 하니 육아가 해결 안 돼 복귀를 못 하는 안타까운 케이스도 있었다. 그 과정 중에서 감사하게도 대부분의 강사들은 인수인계를 원활히 했고, 본인의 고객들이 인계받는 강사와 잘 적응할 수 있도록 최선의 마무리를 해주었다.

헤어질 때의 모습이 그 사람의 진짜 모습일 때가 많은데 끝이 아름다운 사람과의 이별은 향기롭기까지 하다. 그들은 본인의 고객과 잘 맞는 강사를 찾을 수 있도록 계속 고민하고 인수인계받는 강사와 긴밀히 소통하면서 고객에게 이동의 부작용을 최소화해주었다. 고객의 이동이 어려울 경우에는 퇴사 이후에도 스튜디오에 출근하여 마무리 레슨까지 진행하는 강사도 있었다.

마지막까지 최선을 다하고 자연스러운 바톤 터치를 하고 인계받는 강사가 잘 해낼 수 있도록 같이 고민하고 행여 스튜디오에 피해가 될까 봐 모든 말과 행동에 조심하는 강사들은 비록 헤어질 땐 헤어지더라도 그 이후에도 종종 안부를 건네고 따로 만나기도 하면서 관계를 유지해나간다. 그런 친구들은 잠실 근처를 지날 때면 꼭 스튜디오를 들러서 잠깐이라도 인사를 하고 간다. 언제 만나도 마음이 즐거워진다. 비록 상황으로 인해 헤어지게 되었지만 계속 보고 싶은 마음이 들고 기억에 고이 간직될 사람들이다.

한편, 스튜디오 측에서도 그 강사가 불편하지 않은 마음으로 퇴사할 수 있도록 집중해서 인수인계를 서포트한다. 고객의 입장에서는 기존 강사와 충분한 이별의 시간을 갖고 새로운 강사와 원활하게 인사를 나누고 두 강사의 소통이 원만하게 되니 인수인계의 부작용은 심각하지 않은 편이다.

중요한 건 퇴사할 때 바로는 아니더라도 퇴사한 강사와 시간을 갖고 티타임이라도 가지면서 스튜디오가 개선할 사항, 아쉬웠던 부분 등에 대해서 꼭 대화를 나누는 게 좋다는 점이다. 헤어짐은 아프지만 그간 강사들이 스튜디오에서 경험했던 일들에 대한 의견을 들어봄으로써 앞으로의 스튜디오 운영에 대한 많은 부분을 점검하게 된다. 퇴사자들이 주는 의견들이 때로는 쓰리고 아프더라도 꼭 경청해볼 가치가 있음엔 분명하다.

기억나는 퇴사자가 있다. 그에게서 뼈를 때리는 말을 들었다.

우리 스튜디오의 고객 관리 프로세스가 너무 버겁다는 것이었다. 현재 고객은 물론 그만둔 고객까지 일정 부분 관리하는 게 힘들었다는 피드백이었다. 고객에 대한 막중한 책임감을 느꼈고 고객을 잃었을 경우에 부담이 너무 커서 중압감이 있었다는 의견이었다. 비슷한 케이스로는 다른 스튜디오에 취직해서 일하고 있는 본인의 동기들은 일도 쉽게 하고 고객의 케이스도 난이도가 낮은데 우리 스튜디오에 찾아오는 고객들의 난이도는 너무 높아서 레슨을 진행하기가 어렵다는 것이었다. 그래서 조금 쉬운 곳에 가서 마음 편히 일하고 싶다는 이야기도 들었다.

여기에는 내가 노력해서 해결해야 하는 부분도 있고 그렇게 해줄 수 없는 부분도 있다. 고객을 관리하는 프로세스는 고객을 지키고자 하는 근본을 잃지 않되 그 프로세스를 자동화해서 강사들의 수고를 덜어줄 필요성을 충분히 공감한다. 그러나 어려운 고객이 찾아오는 스튜디오에 관한 부분은 내가 해결하기 어려운 부분이다. 경쟁력 있는 강사가 될지 쉬운 길로 갈지는 스스로 정해야 할 부분이다. 그러나 우리 스튜디오는 신뢰도가 높은 곳이라 어려운 케이스의 고객들이 많이 온다. 이를 도전으로 여기고 성장할지, 피해 갈지는 각자의 몫이다.

서로 합의가 원활하게 이루어진 상황이면, 강사가 창업한다고 했을 때 최대한 도움을 주는 편이다. 창업하면서 부딪히는 세무 문제, 부동산 문제, 고객 관리 노하우, 인테리어 업체 소개 등 다양한 방면에서 최대한 도움을 주려고 한다. 창업을 하면 최소 6개월 이상은 안정된 수입 없이 맨땅에 헤딩할 것임을 알기에 스튜디오의 손실을 감수하더라도 해당 강사의 고객까지 아무 조건 없이 내어주는 경우도 있다.

주변 원장님들이나 지인들은 스튜디오의 매출 손실을 감수하면서까지 왜 굳이 떠나는 사람에게 고객을 내어주느냐며 그렇게 하지 말라고 말린다. 그러나 고객이 원하고 그 선택이 합당하다고 여겨지면 두말없이 고객을 내어주었다. 그 고객들이 우리 스튜디오의 핵심 고객이라면 사실 쉬운 선택이 아닌 것은 맞다. 그 고객을 지키기 위해 우리가 얼마나 밤낮으로 공을 들였는지를 생각해보면 고객을 내어주는 일은 팔다리를 잘라내는 것만큼 힘든 일임에는 분명하다. 그럼에도 불구하고 우리는 그렇게 했다. 그 선택에 후회는 없었다. 가끔 그런 상황에서 매출이 휘청일 때마다 두렵기도 했지만, 그것이 함께 일했던 강사들과 우리의 고객들을 위한 가치에 부합한다면 괜찮았다.

나의 선택은 험한 세상으로 나가 자립하는 강사들이 살림 밑천을 가지고 시작해야 큰 고생을 하지 않을 것이라는 생각 때문이었다. 물론 나의 선택을 비수로 되갚는 경우도 종종 발생했다. 이와 같은 결정들이 얼마나 어려운 일이었는지, 그 결정이 미래의 사장이 될 본인에게 얼마나 도움이 되는 선택이었는지를 인지하기는커녕 그 가치에 대해 깨닫지조차 못하는 사람들을 경험할 때마다 나 또한 내 선택에 혼란을 느껴야 했다.

사실 스튜디오를 인수하거나 고객을 이동시키는 경우 합당한 거래라면 그 스튜디오 혹은 고객을 양수하는 사람은 상대에게 바닥 혹은 영업 권리금을 당연히 지불해야 한다. 나 또한 수년 전 스튜디오의 기구와 인테리어 등 바닥 권리는 물론 영업 권리까지 감안해서 정당한 지불을 하고 스튜디오를 인수했었다. 가져가는 고객의 가치가 적게는 몇백만 원, 많게는 몇천만 원에 상응하는 것이기 때문에 그 가치를 누군가 아무 조건도 없이 내어주었다면, 더구나 그 상대가 부모도 형제도 아니라면 그 부분은 상당히 큰 선물이라는 것을 알아야 할 것이다. 그 선물의 가치를 환산하지 못하고, 그에 따르는 보상은커녕 감사 인사조차 안 하는 사람들이 아주 드물지만 존재한다. 가치에 대한 계산을 하지 못하는 사람이 앞으로 사업을 어떻게 진행해나갈지는 지켜보아야 할 것이다.

때로는 아무런 예고 없이 스튜디오를 초토화시켜놓고 퇴사하고는 바로 인근에 스튜디오를 내는 경우도 있다. 고객 정보를 모두 가져가서 개인정보보호법에 반하는 위험한 영업을 하는 경우도 있었다. 이런 경우는 7년 동안 딱 한 번 겪었다. 그러나 대면 서비스업을 운영하는 대표들이 자주 겪는 가장 아픈 일들임에는 분명하다. 창업과 독립은 응원받아야 마땅하다. 누구나 독립을 하고 자신의 길을 가야 한다. 그러나 그 안에서 정확한 맺음과 시작, 그리고 합당한 계산을 할 수 있기를 바라는 바이다.

확실한 건 그렇게 타인을 속이거나 피해를 주고 창업한 스튜디오는 오래가지 못한다는 사실이다. 이유는 명백하다. 사업에 성공하기 위해서는 실력도 필요하고, 운도 필요하고, 도덕적인 의사결정을 해야 하며, 본인과 관계된 수많은 사람들과의 기브앤테이크를 명확히 하는 태도가 필요하기 때문이다.

또 아픈 이별은 스튜디오에서 일하면서 나에게 혹은 동료에게 상처받고 퇴사를 결심하는 케이스다. 의도하든 의도하지 않든 무심코 뱉은 말과 행동에 누군가는 상처를 받을 수 있다. 누군가는 그 말과 행동에 크게 신경 쓰지 않거나 혹은 성장을 위한 밑거름으로 쓸 수도 있겠지만 누군가는 사소한 오해만으로도 깊은 늪에 빠지는 것도 사실이다. 그래서 아픔이 곪아버려서 회복이 어려운 상태에서 퇴사를 통보받는 경우가 참 안타깝다. '조금만 일

찍 눈치챘더라면, 내가 조금 더 신경 썼더라면 이렇게까지 힘들어하지 않았을 텐데'라는 마음에 극도의 자괴감을 느낀 적도 있었다.

사실 사람이 가장 중요한 자산임에도 불구하고 대표는 신경쓸 것이 참 많다. 모든 분야를 다 신경 쓰고 있다고 해도 과언이 아니기 때문에 함께 일하는 모든 사람의 마음을 감지하지 못한다. 아프거나 괴로울 때 조금만 힌트를 주고 표현해주면 참 고마울 것 같다. 표현하지 않으면 정말 알기 어려운 것이 사람의 마음이다. 나 역시 조금 아프고 속상할 때 약간만이라도 표현해주면 반창고도 붙여주고 붕대도 감아주면서 최선을 다할 것이다. 상처가 곪고 곪아서 다리를 절단하는 상황까지 간다면 사실상 내가 할 수 있는 일이 거의 없다. 그때는 정말 괴롭다.

이별은 언제나 아쉽지만, 웃으면서 하는 이별이 있고 다신 겪고 싶지 않은 괴로운 이별이 있다. 앞으로도 오랫동안 이별을 종종 경험하게 되겠지만 그 이별이 웃으면서 이루어질 수 있도록 최선을 다해볼 작정이다.

보석 같은 직원을 위한
아낌없는 결단

인복이 타고난 나의 소중한 보석 같은 그녀를 소개하고 싶다. 그녀와는 우여곡절이 참 많았다. 어렸을 때부터 운동을 했던 그녀는 조금 투박하고 거친 타입이었다. 외모는 누구나 호감을 가질 만큼 매력적이었지만 말이나 행동은 투박한 부분이 많았다. 열심히 하는 태도에서만큼은 누구에게도 뒤지지 않아서 입사 초기부터 정말 열심히 공부했고 열심히 일했다. 늘 한결같이 성실하고 지치지 않는 에너자이저 같은 열정을 보니 조금만 기다리면 주인을 시켜도 될 것 같았다. 다른 무엇보다도 내가 없어도 스튜디오를 책임감 있게 주인 된 마음으로 지켜줄 수 있는 그런 사람이었다.

내 모든 것을 믿고 맡길 수 있을 만큼 그녀를 신뢰하게 되었으나 한 가지 장애물이 있었다. 그녀는 화를 잘 조절하지 못했다. 그도 그럴 것이 어릴 때부터 운동을 하면서 계속 스파르타식의 훈련을 받았고 코치나 감독에게 많이 맞기도 했다고 했다. 존중받고 배려받기보다는 극한의 상태에서 오랜 훈련의 시간을 보낸 그녀는 강한 멘털로 단련되어 있었지만 화가 나거나 누군가와 충돌이 생겼을 때 감정이 쉽게 압도당해 욱하는 핸디캡이 있었다.

그녀는 누구보다 스튜디오를 사랑하고 아끼는 마음으로 의욕적으로 주변 사람을 대했을 뿐이었는데도 불구하고 그 말과 행동이 상대방이 느끼기에 표현이 거칠고 강해서 종종 문제가 되곤 했다. 그 본질과 마음만은 진심이고 좋은 의도였지만 그 마음을 표현하는 말과 행동이 거칠다 보니 본질이 왜곡되고 오해가 생겼다. 그녀의 속마음을 아는 나로서는 참으로 안타까울 수밖에 없었다.

그녀에 대한 크고 작은 문제로 고민하던 중 《그릿》(쌤앤파커스, 2017)의 저자인 김주환 교수님의 비공개 명상 트레이닝에 참여할 수 있는 기회가 생겼다. 중소기업 대표들이 모여서 명상과 그릿에 대한 트레이닝을 이틀 동안 참여하는 워크숍이었다. 당시 《그릿》이 선풍적인 인기를 얻게 되어 대기업에서도 모시기 힘들 정도로 김주환 교수님의 강연을 들을 기회는 아주 귀했다. 당시 난 꽤 거금을 들여서 그 워크숍에 등록했다.

그런데 워크숍을 참여하기 전날, 갑자기 문득 그녀가 떠올랐다.

'그 워크숍이 필요한 사람이 나보다는 그녀가 아닐까? 어쩌면 이 워크숍이 그녀 인생의 전환점이 되지 않을까?'

난 워크숍 책임자분께 사정이 있어서 참여가 어려우니 우리 선생님을 참여시켜달라고 부탁했다. 그리하여 나 대신 그녀가 참석하게 되었다. 그녀의 마음이 불편할까 봐 나에게 급한 사정이 생겨서 대신 부탁한다고 말했다. 물론 그녀는 그것이 얼마짜리 워크숍인지도 모르고 갔을 터였다.

그녀는 워크숍을 다녀온 후, 많은 영감을 받고 많은 생각을 했다고 말했다. 아마도 본인이 살아왔던 방식이나 대화법, 감정 처리 방식에 대해서 스스로 새로운 관점을 발견한 듯싶다. 그리고 그녀는 그날부터 명상을 시작했다. 이후로도 마음 수련을 위해 꽤 많은 책을 읽는 것 같았다. 단기간 내에 큰 변화가 오지는 않았지만 그렇게 몇 년이 훌쩍 지난 지금 그녀는 예전과는 다른 사람이 되어 이젠 내가 기댈 수 있는 사람이 되었다.

사람을 채용할 때, 스튜디오에 중요한 사건 사고가 있을 때, 중요한 의사결정이 있을 때면 나는 그녀를 찾고 그녀와 상의한다.

그녀는 어쩌면 표면이 조금 거칠었을 뿐 나보다도 훨씬 큰 그릇을 가진 사람이었던 것 같다. 월급의 반은 후배들 밥 사주는 데 쓰고, 우리 스튜디오에서 제일 바쁜 사람 중 한 명이면서도 신입 강사들이 잘 적응할 수 있도록 본인 밥 먹을 시간도 없이 후배들을 챙긴다.

사실 워크숍 참가비는 적은 금액은 아니었지만 돌이켜보면 그 돈보다 훨씬 더 큰 선물을 그녀로부터 받았다. 나의 철학과 스튜디오가 나아가고자 하는 방향을 정확하게 알고 있는 또 하나의 나와 같은 존재가 사업장에 존재한다는 것이 얼마나 대단한 일인지 사업체를 운영하는 사람이라면 잘 알 것이다. 어쩌면 나보다 훨씬 나 같은 존재, 변해가고 탁해져가는 나보다 더 맑고 진실된 존재가 우리 스튜디오에서 살아 숨 쉬며 사람들의 멘토로 성장하고 있다는 사실만으로도 난 세상에서 가장 멋지고 튼튼한 갑옷을 입고 전쟁터에 나가는 장군과 같은 든든함을 느낀다.

그녀를 포함한 수많은 다른 보석들을 또 소개하자면 한 권의 책이 나와도 될 만큼 스토리가 너무나 많다. 나의 머릿속 생각들을 눈으로 볼 수 있게 구조의 시각화를 만들어내는 마법사 같은 보석, 나의 철학과 가치를 글과 카피로서 빛을 발하게 하는 언어의 마술사 보석, 나의 오른팔이 되어주기 위해 대기업의 좋은 조건들을 다 포기하고 트리니티에 목숨을 걸고 있는 나의 영원한 코치님 보석, 우리 보석들의 손발이 되어서 쉬지 않고 서포트해 주는 최연소 필라테스 강사 보석 등 나는 이런 보석들의 주인이다. 밥을 안 먹어도 배부르고 배가 고플 때마저도 이들이 있어 두렵지 않다. 그들에게 내가 들인 에너지, 돈, 시간은 결코 적지 않았다. 그러나 이런 정도의 가치를 지닌 사람들이라면 난 과거로 다시 돌아간다고 해도 똑같은 선택을 할 것이다. 그들에게 아낌없이 줄 것이다. 후회 없을 테니까.

그런 사람들은 내 자식만큼 귀히 여기고 성장시켜야 한다. 내가 시간을 쏟은 몇 배의 성과와 보답을 줄 수 있는 사람들이다. 나도 선뜻 하기 어려운 비싼 워크숍도 때론 보내줄 수 있어야 하고 500만 원짜리 교육이라 할지라도 보내는 것을 아까워하면 안 된다. 그리고 그런 존재가 내 옆에 있다면 그들의 부모님께도 감사한 마음을 갖고 보답하는 데 아끼지 않아야 한다. 부모님이 편찮으시다면 그 문제도 같이 고민해야 하고 부모님의 생계와 사업에도 관심을 가져야 한다. 바빠서 몸이 열 개라도 모자라지만 주어진 상황 속에서 최선을 다해 주변을 챙겨야 한다. 그들의 부모님께서 훌륭하게 키워주신 덕분에 내가 득을 보고 있기 때문이다. 어버이날 인재들의 부모님들께 정성이 담긴 편지와 선물을 보내드리는 것도 좋은 경험이 될 것이다. 언젠가 먼 훗날 그들이 혹여 회사생활이 힘들어 방황할 때 부모님들께서 흔들리지 않도록 잡아줄 테니까 말이다.

회사와 윈윈하는
하이퍼포머들의 공통점

신입 강사가 입사하고 신입 강사 교육이 시작되면 트리니티에서는 재미있는 풍경이 펼쳐진다. 영화 〈러브 액츄얼리〉의 한 장면을 재현하기 때문이다. 스케치북을 한 장 한 장 넘기면서 짝사랑하는 여인에게 마음을 전하는 그 장면 말이다.

우리는 신입 강사들이 입사하면 그들 앞에서 스케치북을 넘기며 트리니티의 마음을 전하곤 한다. 스케치북은 입사를 축하한다는 메시지와 함께 높은 경쟁을 뚫고 이곳에 오게 된 특별한 존재가 바로 당신들이라는 인사로 시작된다. 그리고 신입 강사들이 원하는 것이 무엇인지에 대해 생각해보는 시간을 갖는다. 그들은 주로 강사로서의 성장, 경제적 안정, 좋은 복지, 독립 기반 등을 원한다. 무엇보다도 가장 중요한 것은 경제활동을 통해서 안정적인 수입을 유지하고자 하는 것이다. 그래서 그 점에 대해 많이 소통하려고 한다.

그렇다면 우리 스튜디오에서 가장 많은 매출로 큰 성과를 내고 있는 하이퍼포머들의 이야기를 하지 않을 수 없다. 하이퍼포머란 스튜디오에서 매출을 많이 내고, 고객의 재구매와 만족도가 높아서 스튜디오에서 가장 우수한 성과를 내는 강사들을 의미한다. 물론 하이퍼포머가 아니더라도 우리 스튜디오 강사님들의 평균 급여는 꽤 높은 편이다. 보통 대부분의 프리랜서 강사들은 서너 군데의 스튜디오를 병행하면서 생계를 꾸려나간다. 그러나 우리 스튜디오의 강사들은 타 스튜디오와 병행하지 않고 우리 스튜디오에서만 근무함에도 불구하고 두세 군데의 스튜디오를 병행하는 것만큼 혹은 그 이상의 높은 수입을 가져간다. 채용부터 신중하게 진행되기 때문에 강사들의 대부분은 고객 관리를 충실히 이행하여 매출도 잘 유지하고 본인도 합당한 급여를 받는 것이다.

그런데 지금부터 말하고 싶은 하이퍼포머들은 일반 강사들과 공통점이 있으면서도 다른 무언가가 더 있다. 하이퍼포머들과 일반 강사들의 공통점은 본인이 해야 할 일을 잘 해내 스튜디오의 매출을 올리고 본인도 부자가 된다는 것이다. 여기까지는 비슷하다. 그러나 하이퍼포머 집단은 여기에 더해 뛰어난 역량으로 스튜디오에게 돈을 벌어다줌과 동시에 스튜디오의 비용과 자원을 아껴준다.

　이를테면 그들은 에어컨의 냉기가 빠져나갈까 봐 현관문을 일부러 나와서 닫는다. 신발장이 어질러져 있을 때 누가 시키지 않아도 신발을 정리하고 손을 씻고 나서 세면대에 있는 물기를 닦아내기도 한다. 스튜디오의 매출 상황이나 경기가 안 좋아지면 스튜디오를 위해 자기가 도울 일은 없는지 고민하거나, 스튜디오에게 필요한 것들을 알아서 고민하고 해결하려 한다. 선배나 후배를 가리지 않고 도움이 필요한 사람들을 솔선수범하여 돕는다. 남들에게 무엇 하나라도 더 주려고 나눔을 실천한다. 쓰레기가 떨어져 있으면 바로 주워서 정리하기도 한다. 이런 행동이 바로 하이퍼포머 강사 그룹에서 볼 수 있는 공통점이다. 이들은 본인의 성과를 잘 관리함은 물론 회사의 비용을 절감하기 위해서 혹은 동료들을 위해서 누군가가 시키지 않아도 작은 번거로움에 대한 수고를 기꺼이 해내는 사람들이다.

　이런 부분들은 그들이 본래 갖고 있던 삶에 대한 태도라고 볼 수 있다. 그래서 나는 신입 강사들의 교육 첫날이 되면 하이퍼포머들의 태도와 생각을 이해하기 쉽게 스케치북 편지로 전하는 것이다. 그들의 생각을 이해하고 실천하면 기대하지 않았던 좋은 성과를 서로가 얻게 된다.

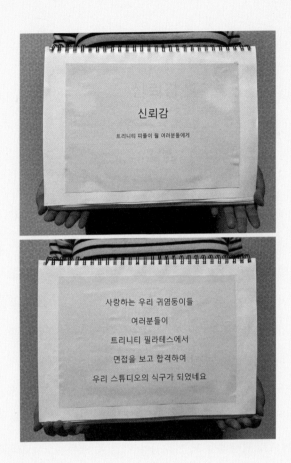

스케치북 편지

새로운 사람을 반기는 메시지를 제대로 전하기 위해 만들었다.
조금 더 다정하게, 트리니티의 철학을 이해해주는 일원이 되길 바라는 바람으로.

실패는 노하우가 되고,
성실함은 묘수가 된다

2014년부터 2019년까지, 5년이라는 시간 동안 내 돈과 내 시간과 내 열정을 투자해서 강사들 교육에 올인했다. 내가 가진 모든 노하우를 나누었고 다 퍼주었다. 하나도 남김없이, 한 점 부끄럼 없이 다 내어주었다. 그렇게 시간을 보내고 나니 그 배움을 마음에 안고 오늘날까지도 스튜디오에서 열심히 근무하며 본인도 똑같이 후배 강사들에게 재능을 나누는 고마운 강사들이 생겼다. 그 강사들은 이제 트리니티의 기둥이 되었다.

그러나 황당한 케이스들도 많았다. 교육이 좋다는 소문을 듣고 의도적으로 접근해서 모든 교육을 마친 후 스튜디오를 오픈하는 사람을 비롯해서 수많은 '먹튀'를 경험했다. 그리고 교육 과정이 엄격하고 힘들어서 중도 하차를 하고 난 후 오히려 나를 '마녀'처럼 무섭다고 뒷담화를 하는 사람도 있었다. 물론 난 당시 매우 엄격했고 한 치의 관대함도 없었던 사람이었던 것이 사실이다. 하지만 내가 엄격했던 부분은 실력이 아니라 태도였다. 예를 들어 지각, 결석, 과제 불성실, 불평불만 등의 태도는 내가 가장 엄격하게 따지는 영역이었다. 태도가 안 좋으면 결과가 좋기 어렵고, 좋지 못한 결과에 대한 핑계가 필요해져서 원망할 대상을 찾게 된다. 지금이라면 그런 태도를 지닌 사람과는 인연을 맺지 않겠지만, 그때는 나도 경험이 없었고 사람을 보는 안목이 부족했기 때문에 애쓰고도 욕먹는 경험을 종종 하기도 했다.

그렇게 5년 동안 많은 시간과 돈을 투자했다. 얻은 것도 있었고 잃은 것도 있었다. 얻은 것은 그 시간을 잘 견딘 후 폭풍 성장해서 감사로 보답하는 사람이다. 잃은 것은 그 가치를 악용하는 사람들로 인해 가치 있는 곳에 시간을 쏟지 못한 기회비용 손실이다. 그러나 그 손실까지도 밑거름이라 여기고 더 성장하여 나아가고 있다. 과거에도 지금도 말이다.

그래서 많은 고민 끝에 2019년 유료 아카데미를 설립했다. 모든 것을 올인했던 5년 동안 좌충우돌하며 이미 거의 모든 노하우를 쌓았고 견고하게 프로세스를 만들어왔다. 그리고 그 5년간 트리니티 필라테스의 내부 교육이 탄탄하다고 업계에 소문이 퍼졌다. 그 소문은 제주와 거제도까지 나서 남쪽 지역에서도 교육 상담을 받으러 서울로 올라오는 케이스가 다반사였다. 필라테스계의 비달사순과 같은 아카데미가 되는 것, 그것이 내가 원하는 바였다.

8개월이 넘어가는 긴 기간과 천만 원이 넘는 높은 가격 장벽에도 불구하고 아카데미는 교육 첫 기수부터 지금까지 늘 조기 마감되었다. 무엇보다 교육 매출이 발생하니 스튜디오의 교육 강사들에게 좋은 예우를 해줄 수 있었고 그동안 맨땅에 헤딩하며 열심히 노력했던 교육 강사들에게 합당한 페이를 제공할 수 있어 감사했다. 또한 페이와 함께 그들의 능력과 노력에 걸맞은 스승의 권위를 줄 수 있었다.

수많은 강사들에게 재능기부를 하며 한 자 한 자 가르쳤던 고통스러웠던 과거의 시간들이 없었다면 난 아마도 지금의 아카데미를 구축하지 못했을 것이다. 사람들에게 가장 많이 받는 질문은, 이렇게 최적화된 아카데미를 만들기까지 특별한 노하우가 있느냐라는 것이다. 참 미안하게도 노하우와 묘수 같은 것이 없다. 실패가 노하우이고 꾸준함과 성실함만이 묘수이다. 제대로 되는 일에는 지름길이 없다. 장맛도 묵어야 제맛이듯 모든 성과는 하루아침에 이루어지지 않는다. 적어도 우리는 그랬다. 수도 없이 삽질을 하다 보니 구덩이가 깊게 파였고 거기에서 모든 노하우가 생기게 된 것이다.

트리니티 아카데미 교육 과정

유능한 필라테스 인재를 양성하겠다는 마음으로 설립한 트리니티 아카데미는 5년간 신입 강사를 교육하며 쌓아온 데이터를 기반으로 커리큘럼을 짜 2019년 정식 론칭했다.

2022년 현재 업계는 레드오션이 된 데다가, 교육 커리큘럼도 상향평준화되었고, 우리 아카데미의 사례를 벤치마킹하는 아카데미도 늘어났다. 그러나 우리의 교육은 그 뿌리가 매우 단단하기 때문에 시류에 흔들리지 않으며 중심을 잡아 운영해나가고 있다.

#1 사전 교육

필라테스 본 교육을 시작하기 전 이론과 실습을 병행한 예습

- 기초해부학 교육 및 실습(최소 20시간 이상)
- 스탓필라테스 매뉴얼(필라테스 교재)의 핵심 동작을 이론과 실습으로 프리뷰

 (32시간)

- 개개인의 상황과 운동 능력에 따른 개인 및 그룹 운동 보충(최소 10시간 이상)

#2 캐나다 스탯필라테스 본 교육

스탯필라테스 교육은 바디 발란스 교육, 폴스타 필라테스와 더불어 세계 3대 필라테스 교육으로 인정받을 만큼 역사와 커리큘럼의 완성도와 최신 이론으로의 업그레이드가 우수한 교육이다.

- 레벨1 교육(140시간)

- 레벨2 교육(36시간)

- ISP(특수질환자) 교육(24시간)

#3 사후 교육

스탯 코스 후 고득점 합격을 위한 사후 심화 교육

- 스탯필라테스 매뉴얼 워크아웃(운동 실습, 20시간)

- 시험 대비반(14시간)

- 딥코칭(시험 대비 후 추가로 보충할 부분 심화 코칭, 6시간 이상)

- 모의 테스트(실전 시험 모의고사, 3시간)

- 시험 전 개인 실습 시간(200시간 이상)

#4 실전 교육 및 멘토링

- 인바디와 영양학 워크숍(10시간)

- 운동생리학 워크숍(10시간)

- 근막 이완 워크숍

- 취업 멘토링

- 창업 멘토링

- 셀프브랜딩 강연 등 다수

- 약 6개월에서 10개월 정도 첫 단추부터 마지막 시험이라는 단추까지 잘 끼운 교육생들은 스튜디오 오너들의 스카우트 1순위 인재가 된다.

- 필라테스 교육에서만 그치지 않고 취업과 창업에 대한 멘토링도 직접 진행하면서 필드에 나가야 하는 강사의 태도와 자세에 대해서도 가이드해주고 있다. 멘토링을 진행하는 동안 있었던 질의응답 사례는 몇백 가지가 넘는다.

- 필라테스 강사라면 적어도 이 정도는 준비하고 필드에 나갔으면 하는 바람을 교육에 고스란히 반영했다. 우리 아카데미의 교육은 더도 말고 덜도 말고 이 정도는 준비해야 고객을 지킬 수 있는 강사가 된다는 최소한의 제안이다.

매일의 작은 노력이
만드는 기적

2022년에는 감사한 일들이 참 많았다. 코로나라는 어려운 상황을 극복하고 우리 스튜디오는 정상화되어 양질의 성과를 내고 있다. 3월엔 오랫동안 기다렸던 아카데미 단독 교육관도 계약했다. 이로써 아카데미 교육생들이 최적의 장소에서 공부하고 연습할 수 있는 환경이 조성되었다.

이어 나는 하버드 글로벌 최고경영자 과정에 합격했다. 6개월간 하버드 본교와 화상 미팅으로 사회 각계각층의 주요 인사들과 함께 공부하고 토론했다. 하버드의 수업도 의미가 있었지만 사회 각계각층에서 활동하는 원우들과 관계를 맺으면서 배운 것이 많았다. 8월에는 미국 보스톤 현지 하버드에서 마지막 강연을 듣고 수료식을 하기도 했다. 6월에는 〈해럴드경제〉가 주관하는 '대한민국 바이오뷰티헬스산업 대상'에서 뷰티헬스강사교육 부문 대상을 수상하는 영광을 누렸다.

하버드에서 경영을 공부하고, 신문사에서 수상을 하고, 스스로 영역을 넓혀가는 것은 좋은 리더가 되기 위해 필요한 시간들이라 생각한다. 스튜디오에만 얽매이지 않고 다양한 분들과 다양한 경험을 하면서 얻는 영감들은 분명 사업의 발전에 자양분이 되기 때문이다. 내가 하버드에 입학했을 때 직원들이 자랑스러워하며 환호성을 질렀던 게 지금도 생생하다. 리더가 안주하지 않고한 걸음 한 걸음 나아가는 모습을 보며 직원들도 함께 성장하고 싶은 욕구를 느꼈을 것이다. 나는 그것을 직원들의 표정에서 분명히 볼 수 있었다.

'트리니티는 앞으로 어떤 길을 가게 될까?'

책을 쓰며 우리의 넥스트 스텝이 무엇인지에 대해서 끊임없이 질문을 던졌다. 미래는 알 수 없고 내게 원대한 꿈이 있는 건 아니지만 한 가지만은 확실히 알고 있다. 오랫동안 함께 일했던 직원들이 스튜디오를 리드할 수 있는 인재로 성장했기 때문에 그인재들이 리더가 되고 더불어 부자가 될 수 있는 다음 스텝을 만들어야 한다는 사실이다.

그래서 트리니티의 인재들이 운영하는 양질의 스튜디오를 다섯 곳 이상 오픈하려 한다. 양질의 스튜디오란, 양적인 확장보다는 어떤 상황 속에서도 고객을 지키고, 스스로를 지킬 수 있는 강인한 스튜디오로 안정적인 수입을 유지하고 불필요한 에너지를 쓰지 않는 곳이다. 우리가 만들어왔고 앞으로도 만들어갈 트리니티는 고객이 할인 이벤트로 등록했다가 금세 떠나버리는 스튜디오가 아니라 한번 인연을 맺을 때 신중하고 올바르게 인연을 맺고, 그 인연이 오래오래 지속될 수 있도록 고객을 잘 섬기는 곳이기 때문이다.

더불어 필라테스 강사들의 교육을 위한 성지를 조성하려 한다. 필라테스 업계가 급성장하면서 최근 몇 년간 업계가 레드오션이 되었고, 일부 준비 안 된 강사들이 필드에 진출하면서 고객이 다치거나 불편해지는 민원들이 자주 발생했다. 사람의 몸을 케어하는 직업이기 때문에 의사만큼의 사명감, 직업윤리, 각종 지식을 동반해야 함에도 불구하고 잘 지켜지지 않는 경우가 있어 안타깝다. 그래서 필라테스 자격증을 따고자 하는 예비 강사는 물론 자격증을 따고 필드에 나가서도 계속 공부가 필요한 강사를 위해 나를 비롯한 트리니티 필라테스의 하이퍼포머 강사들의 노하우를 아낌없이 제공하고자 한다. 고객을 리드해야 하는 강사들이 믿고 배울 수 있는 아카데미, 강사들에게 실질적인 도움을 줄 수 있는 아카데미가 되기 위해 모든 강사들의 노하우를 정리해나갈 것이다.

마지막으로 양질의 스튜디오 확장, 교육 아카데미 확장을 기반으로 추후 장애인을 위한 사업 기반을 만드는 게 내 최종 목표다. 내 아이는 장애를 가지고 태어났기에 장애인이 살아가야 하는 현실이 얼마나 가혹하고 험난한지 잘 알고 있다. 그들이 더 나은 세상에서 살아갈 수 있도록 먼저 내가 하고 있는 사업을 더 잘 꾸리고 이를 토대로 장애인을 위한 사회 사업을 구축하는 것이 꿈이다.

시간이 지날수록 사업뿐 아니라 삶도 결코 내 뜻대로 되지 않는다는 것을 실감한다. 책을 쓰고 있는 지금 이 순간에도 여전히 고통스럽다. 개인적인 문제, 부모님 건강 문제, 자식 문제 등 수많은 문제가 끊이질 않는다. 가끔은 다 내려놓고 아무도 모르는 섬으로 떠나고 싶은 충동이 들기도 한다. 사실 모두가 이런 마음을 안고 살고 있을 거라 생각한다. 겉으로는 웃고 있어도, 아무렇지 않아 보여도 속마음은 너무나 힘든 분들이 많을 것이다.

그래서 나는 '꽃길만 걸으세요'라고 말하지 않는다. 나조차도 이 말이 도무지 와닿지 않기 때문이다. 삶은 고통의 가시밭길이 맞다.

따라서 꽃길만 걷길 바라기보다는 가시밭길 속에서도 감사와 행복, 다음 스텝을 생각할 줄 아는 것이 더 현명하다고 생각한다.

나는 특별한 재능도 없고, 사업 수완이 뛰어나지도 않고, 특별한 노하우가 있지도 않았다. 오직 고객을 지키겠다는 신념으로 내가 할 수 있는 것들을 하나씩 해나갔을 뿐이다. 여러분도 매일매일 하나하나 기본부터 차근차근 해나가길 바란다. 작은 일들이 쌓여서 만드는 기적은 놀라울 정도로 튼튼하다. 아주 쉬운 일부터 해나가다 보면 어느새 고객이 믿고 계속 찾아오는 그런 사업장의 사장이 되어 있을 것이다.

이 원고를 쓰는 동안, 아니 지나온 오랜 세월의 시간 속에서 감사하고 싶은 사람들이 있다.

스물네 살이 되던 해부터 내 인생을 리드해준 존경하는 나의 남편, 13년 가까운 시간 동안 우리 가족을 섬겨주고 늘 기도해준 오경순 여사와 그녀의 가족들, 늘 바쁜 엄마를 배려하고 기다려주는 귀엽고 사랑스러운 예주와 정호, 나에게 매력과 인성이라는 위대한 유산을 물려주신 부모님, 까탈스러운 사장이었음에도 불구하고 존중해주고 함께해준 트리니티의 직원들, 늘 고민이 있을 때마다 중심 잃지 않도록 방향 잡아주시는 박재현 교수님, 인생의 힘든 시기에 따끔한 충고로 정신 번쩍 들게 해준 윤소정 대표님, 내 소중한 죽마고우 혜원과의 소중한 우정까지.

이 모든 사람들 덕분에 이 책이 세상에 나올 수 있었다. 무엇과도 바꿀 수 없는 사랑에 진심으로 감사드린다.

부록

고객을 지키는
필라테스 강사로
성장하는 법

필라테스 강사가 되는 건 어렵지 않다.
그러나 고객을 120% 지키는 강사가 되고 싶다면
조금은 다른 길을 걸어가야 한다.

#1 필라테스 강사 교육을 받기 전에 이 정도는 준비하자

- 사람의 몸을 알아야 하는 직업이다. 대개는 해부학으로 먼저 시작한다. 1~2시간으로 끝나는 해부학이 아닌 최소한 20~30시간 이상의 해부학 공부가 필요하다. 해부학에 대한 이해와 암기가 끝나야 다음 스텝으로 넘어갈 수 있다. 가능한 여건이라면 이론 공부를 모두 마친 후에 기능해부학 단계까지 넘어가면 금상첨화다. 탄탄하게 기초를 다지길 권한다.

- 필라테스 교육을 듣기 전에 최소 30시간 이상의 필라테스 운동이 필요하다. 필라테스를 해본 경험이 없이 그냥 멋있어 보여서 강사 교육을 들으러 오는 사람들이 종종 있다. 마음은 이해하지만 위험한 일이다. 머리와 몸으로 충분히 경험한 후에 결정해도 늦지 않다. 그룹 레슨이든 개인 레슨이든 꼭 필라테스를 경험한 후 도전한다. 되도록 교육 센터를 운영하는 곳에서 해보기를 추천한다. 준비되지 않는 강사들의 수업도 많기 때문에 되도록 필라테스 교육을 운영하는 스튜디오, 그 스튜디오의 교육 강사 혹은 마스터 트레이너에게 레슨을 받길 추천한다.

- 필라테스 교육에는 포함되어 있지 않더라도 운동생리학, 운동영양학, 운동

역학 등에 대한 공부도 권장한다. 트리니티 아카데미 또한 필라테스 자격증 시험에 나오지는 않지만 위 과목들을 공부하고 필드에 나가기를 권장하고 있다. 몸에서 일어나는 반응과 적응에 대한 학문이 생리학이고, 운동과 뗄래야 뗄 수 없는 영양에 대한 학문이 영양학이다. 저가의 이벤트성 스튜디오가 아닌 좋은 스튜디오에 오는 프리미엄 고객들은 분명 이런 부분에 니즈가 있고 다양한 질문을 가지고 여러분을 찾을 것이다. 이 부분에 대한 통찰이 없으면 전문적인 강사로서의 미래를 보장받기 어렵다.

#2 본격 필라테스 코스 시작

- 필라테스 교육을 받고자 하는 예비 강사들의 가장 큰 고민은 '어떤 교육 과정을 수료하는 것이 좋을까?'이다. 나 또한 10여 년 전 필라테스 강사 코스를 찾기 위해서 열 군데 가까이 상담을 받고 고민했던 기억이 생생하다. 10년이 지난 지금 강사 자격증 코스도 많은 부분 진화했다. 어떤 코스를 진행하라고 콕 집어 말하기는 어려우나 점검해야 할 부분은 분명히 있다. 우선 고려할 내용은 본인이 염두에 두고 있는 필라테스 교육 코스의 역사다. 조셉필라테스의 메소드에 뿌리를 두고 있는 필라테스 운동은 2차 세계대전 당시 부상병들의 재활을 위해 고안된 운동이다. 메소드의 깊이가 깊으면서도 디테일하다. 조셉필라테스 이후 수많은 제자들이 그 뿌리를 근간으로 수많은 필라테스 교육 과정을 고안했다. 역사가 깊고 신뢰할 만한 교육도

있지만 유행에 걸맞게 급조로 카피된 교육도 존재한다. 전통과 역사가 있고 필라테스 운동의 근원에 대한 철학이 있는 교육 과정인지 가장 먼저 살펴보아야 한다.

- 철학과 역사에 대한 검증이 이루어졌다면 이제는 현재의 트렌드에 걸맞게 변화하고 업그레이드되고 있는지가 중요하다. 스포츠 의과학은 계속해서 업그레이드되고 있으며 기존의 학설을 보충하거나 반박하는 논문도 계속 업데이트되고 있다. 변해가는 스포츠의 트렌드를 반영하고 보강하는 교육인지를 꼭 살펴야 한다. 즉, 변하지 말아야 할 것과 변해야 하는 것들이 공존하는 교육을 찾아야 한다.

- 역사와 철학 그리고 트렌드의 변화에 대해 검토했다면 교육 센터를 운영하는 리더의 철학과 사명에 대해서도 검토한다. 국제 자격증의 대부분은 해외에 본사가 있고 한국에서 호스팅을 해서 이루어지고, 국내에서 만들어진 자격증은 해당 아카데미의 대표가 주관하게 된다. 그것이 어떤 방식이든 간에 그 교육을 주관하는 리더의 자질과 철학을 살펴야 한다. 그것이 필라테스 스튜디오이든 아카데미이든 한 회사가 추구하는 방향은 리더가 바라보는 방향이다. 이 부분은 보이지 않지만 아주 중요한 부분이다.

- 이 외에 세부적인 커리큘럼, 연습실 컨디션, 교육장 환경, 추후 AS 등도 점검해본다.

#3 시험 준비는 실전처럼

- 코스가 끝나면 끝이 아니라 그때부터가 시작이다. 코스 수료는 단지 수료
  일 뿐, 자격증 발급을 의미하지 않는다. 코스가 끝나고 일정 부분 실습 시
  간을 채워야 하고 그것이 채워져야만 시험에 참여할 수 있는 자격이 부여
  된다. 실습 과정은 크게 본인의 운동을 실습하는 시간인 practice, 바디 혹
  은 고객에게 티칭 실습을 하는 시간인 teaching, 시니어 강사들의 수업 과
  정을 관찰하는 시간인 observation으로 이루어진다.

- 단순히 시험을 보기 위해 실습 시간을 채우는 마음으로 이 시간을 보내지
  않기를 바란다. 이 시간은 정말 소중하고 의미 있는 시간이다. 반드시 각
  실습에 대한 준비를 성실하게 하고 실제로 실습할 때는 실제 고객을 대상
  으로 한다는 프로의 마음을 가져야 한다. '연습을 실전처럼, 실전은 연습처
  럼'이라는 말과 같이 실습은 반드시 실전처럼 한다.

- 실습을 마치고 나면 피드백이 있다. 잘했던 부분도 있을 것이고 보완해야 할
  부분도 있을 것이다. 그 피드백을 바탕으로 본인이 적용해야 할 부분에 대해
  서 글로 남기는 습관을 들여서 자기만의 노하우를 차곡차곡 쌓아나간다.

#4 시험 합격 후에

- 시험을 마친 후 자격증이 발급되면 바로 취업 혹은 창업이 가능할 거라고
  믿고 안도의 한숨을 돌리게 된다. 그러나 현실은 그렇게 만만하지 않다. 자

격증이 취업의 문을 두드렸을 때 바로 면접 합격의 결과를 보장하지 않는다. 나도 시험에 합격하고 필드에 뛰어들었을 때 실제로 만난 고객들의 상황이 예상과는 너무 달라서 신규 고객 등을 유치하는 것에 있어서 수많은 실패를 했다.

- 교육 과정에서 배운 것들을 기반으로 고객의 언어로 적합하게 만들어나가야 한다. 고객이 잘 이해할 수 있는 언어로 버무리는 숙성의 시간을 꼭 가져야 하는 것이다. 시험 합격까지는 김치를 담근 것이고 고객을 만나는 과정은 묵은지로 숙성시키는 과정이다. 만약 그런 시간을 갖지 않는다면 티칭의 대부분을 고객이 알아듣기 어려울 수도 있다.

- 필드에 나가면 수많은 이슈를 가진 고객들을 만나게 되고, 끝이 보이지 않는 다양한 장르의 공부를 해야만 한다. 각종 워크숍을 비롯하여 필라테스 기술을 공부해야 할지도 모르며 더 나아가 사람을 대하는 일이기 때문에 기술에만 국한된 것이 아니라 사람을 이해하기 위해 인문학 공부, 심리학 공부, 현재 트렌드, 국내외 정세까지도 공부해야 한다. 필라테스를 잘하는 것은 당연히 해야 하는 것이고 필라테스가 아닌 것들도 끊임없이 공부하는 사람만이 경쟁력 있는 강사가 될 수 있다.

#5 취업에 성공한 후에

- 이제부터 진짜 실전 공부의 시간이다. 새로운 스튜디오 문화에 적응도 해

야 하고 고객을 본격적으로 만나 레슨해야 한다. 그동안 열심히 공부해온 것을 바탕으로 진짜 고객을 만나 그분들의 문제를 해결해주자. 고객이 겪고 있는 이슈, 통증, 어려움을 파악하고 그것들을 해결하기 위한 공부를 해나간다. 이 과정은 다음과 같이 도식화할 수 있다

고객의 이슈에 대한 파악과 연구 ➡ 연구한 것을 적용해서 고객 레슨 진행

➡ 레슨 진행 후 고객 피드백을 바탕으로 보완 및 강화

- 특히 강사를 시작한 후 1~2년 차까지가 중요하다. 1~2년 차의 시기에는 본인에게 주어진 고객들에 대해 연구하고, 레슨에 적용 및 실행하고, 보완 및 강화를 하고 고객 레슨 외에도 고객 사후 관리를 철저하게 하는 프로세스의 성실성을 쌓아나가야 한다. 고객과 만나는 단 1분의 시간이라도 매순간 집중하길 바란다. 그리고 레슨이 끝난 뒤에도 고민을 늦추지 않기 바란다.

#6 창업을 꿈꾼다면

- 창업을 하고 사업을 한다는 것은 종합예술행위와 같다. 그만큼 매력적이면서도 두렵기도 하고 리스크를 함께 가져가는 일이기도 하다. 그러나 천 리 길도 한 걸음부터이기에 찬찬히 시작하자.

- 창업을 준비하는 시간은 의미 있고 밀도 있게 보내야 한다. 본인이 닮고 싶은, 혹은 추구하고 싶은 리더가 운영하는 스튜디오에 입사하기를 추천한다. 그곳에서 사계절을 보내보라. 스튜디오의 책임자나 관리자로 일하면 더더

욱 좋다. 내부의 일을 진행하면서 노하우를 배운다. 해당 스튜디오가 지점을 오픈할 때 매니저로 갈 수도 있고, 지분을 가져갈 수도 있고, 독립적인 브랜드로 창업할 수도 있다. 곧바로 창업해서 좌충우돌하며 시간과 돈을 소비하는 것보다 급여를 받으면서 모든 노하우를 얻는 것이 훨씬 좋다.

**떠난 고객도
다시 돌아오게 하는
10가지 질문**

초판 1쇄 발행	2022년 11월 21일
초판 2쇄 발행	2022년 12월 5일

지은이	장윤진
펴낸이	변민아
책임편집	박지선, 서슬기
마케팅	유인철
디자인	김규림
인쇄	책과6펜스(안준용)

펴낸 곳	에디토리
출판등록	2019년 2월 1일 제409-2019-000012호
주소	경기도 김포시 김포대로 839 보보스프라자 204호
전화	031-991-4775
팩스	031-8057-6631
홈페이지	www.editory.co.kr
이메일	editory@editory.co.kr
인스타그램	@editory_official

책 정보

Copyright	장윤진, 2022
ISBN	979-11-976978-7-6 (03320)

- 책값은 뒤표지에 있습니다.
- 파본은 구입하신 서점에서 교환해드립니다.
- 이 책은 저작권법에 의하여 보호를 받는 저작물이므로 무단 전재와 복제를 금합니다.
  이 책의 전부 또는 일부를 재사용하려면 반드시 에디토리와 저작권자의 동의를 받아야 합니다.

판형	135×200mm
표지종이	아르떼 울트라화이트 210g
본문종이	미색모조 100g
제본	무선제본
표지후가공	써멀무광라미네이팅, 부분 에폭시